Rund um
den Chiemsee

Manfred Hummel

Rund um den Chiemsee

Eine nicht alltägliche Entdeckungsreise

BERG & TAL

Inhalt

Vorwort 6

Routenverlauf in Kurzform 12

Tipps für eine unbeschwerte Radltour 22

Prien – das Tor zum Chiemsee 28

Schifferl fahren wie zu Opas Zeiten 28

Hüterin königlicher Träume 33

Königliche Fledermäuse 40

Rund um Herrenchiemsee 41

Von Prien nach Gstadt 44

Die Kanone von Urfahrn 48

Heimatforscher mit Leib und Seele 51

Zauberer mit der Kamera 56

Die Freizeit-Flotte auf dem Chiemsee 61

Philosoph und Bootsverleiher 62

Eine Idylle im Wandel 65

»Lebenslänglich« auf der Insel 72

»Das war eine Knochenarbeit« 77

Die Sahara im Chiemsee 83

»Insularus« und »Zwicklbier« 84

Ein Rundgang über die Fraueninsel 87

Von Gstadt nach Seebruck 90

Alle sitzen in einem Boot 93

Der Scherben-Kare und seine Erben 97

Von Seebruck nach Chieming 102
Wo Exklusivität Tradition hat 105
Hitlers goldener Nachttopf 110
Jenseits des Chiemsees liegt Afrika 112

Von Chieming nach Feldwies 118
»Frau Exter« gibt sich die Ehre 122
»Alles muss picobello aussehen« 128

Von Übersee nach Bernau 132
Die Attraktion der »grünen Sachen« 136

Von Bernau nach Prien 146

Extratour 1
Durch Filzen und Moose 152
Dinosaurier des Industriezeitalters 155

Extratour 2
Der Archäologische Rundweg 162

Extratour 3
Die Eggstätter Seenplatte 168
Kloster Seeon 172
Das Schicksal der Anastasia 175

Sehenswürdigkeiten, Einkehrtipps. Aktivitäten und Wanderungen rund um den Chiemsee 180

Personenregister 212
Impressum 216

Vorwort

Es ist bestimmt keine Übertreibung, wenn man den Chiemsee als das Urlaubsparadies schlechthin bezeichnet. Die Gletscher der Würm-Eiszeit haben eine Landschaft modelliert, die auf der Welt ihresgleichen sucht. Da ist ein stattlicher See, der zurecht den Beinamen »Bayerisches Meer« trägt, der je nach Stimmung seine Farbe und seinen Zustand verändert. Von stahlblau bis flaschengrün, vom zahmen Badegewässer bis zur aufgepeitschten See. Die Chiemgauer Berge, die hinter dem Südufer aufsteigen, schaffen ein Panorama voller Erhabenheit und Dramatik. Die Alpenkette steht in Kontrast zur sanften Hügellandschaft des nördlichen Teils am Ausfluss der Alz. Verträumte Buchten und unberührte Moorlandschaften runden das Gesamtbild ab. Kein Wunder, dass der Chiemsee die Maler magisch anzog, als sie im vorvergangenen Jahrhundert ihre Ateliers verließen und in die Natur ausschwärmten. »Das Zusammenspiel von landschaftlicher Schönheit und dem oftmals raschen Wandel von Himmel, Wolken und Licht hat die Maler mehr als in anderen Gegenden Bayerns angezogen und fasziniert«, heißt es in der Einführung zur »Galerie Maler am Chiemsee« der Bayerischen Schlösserverwaltung. Allerorten bildeten sich Malerkolonien, die bekanntesten wurden die auf der Fraueninsel, der Herreninsel und in Prien. Stellvertretend für viele bekannte Namen stellen wir in diesem Buch Julius Exter in Feldwies vor.

Nach den Landschaftsmalern kamen die Genre-Maler, welche Fischer und Bauern porträtierten. Wie hart deren Arbeit einst war und wie sich das Leben auf der Insel verändert hat, klingt in den Erzählungen alter Fraueninsulaner wie Holmer Lex, Fritz Stephan und der Benediktinerin Magdalena Schütz an. Die Gemälde der Maler lockten die ersten Touristen an den See. Ein Porträt der »Chiemsee-Schifffahrt Ludwig Feßler« schildert, wie sie auf die Inseln gelangten. Die Eröffnung der Bahnlinie München-Salzburg im Jahr 1860 förderte den Fremdenverkehr. Der schwoll aber erst richtig an, als 1886 kurz nach dem mysteriösen Tod König Ludwigs II. sein »Versailles«, das Schloss Herrenchiemsee, zur Besichtigung freigegeben wurde. Schloss-Kastellanin Veronika Endlicher führt den Leser durch die Traumwelt des Monarchen.

Darüber hinaus berichtet dieser nicht alltägliche Ausflugsführer über Menschen, die heute am Chiemsee leben und arbeiten, oder deren Lebenswerk bis heute nachwirkt. Als Beispiel sei Carl Ostermayer genannt, der »Scherben-Kare«, der die römische Vergangenheit Seebrucks buchstäblich ausgegraben hat. Schriftsteller Sten Nadolny, der in Chieming aufwuchs, inspirierte der See vor seiner Haustür zu dem Welt-Bestseller »Die

Das ist kein Roboter, sondern ein Fernglas. Von der Uferpromenade in Gstadt kann man damit ins Gebirge schauen.

Die aufgehende Sonne spiegelt sich in der Glastür der Bootswerft Grünäugl in Gstadt. Zu dieser Stunde herrscht noch Ruhe am See.

Entdeckung der Langsamkeit«. Franz Burghardt, Claus-Dieter Hotz und seine Nachfolger stehen für jene Seebewohner, die uneigennützig die Geschichte der Region in Wort und Bild, oder aber in respektablen Industriedenkmälern lebendig halten. Wir besuchen den Sondengeher Sebastian Aringer, der seine Funde aus keltischer und römischer Zeit in einem veritablen Museum auf dem Höhenberg zeigt. Immer noch aktuell sind die Gedanken des Biologen Michael Lohmann, wie sich Fremdenverkehr und Naturschutz in Einklang bringen lassen und wo es Probleme gibt.

Der Chiemsee ist auch deshalb ein Urlaubsparadies, weil flache Uferwege und sanfte Hügel ideal sind für Radler, rund um den See Wassersportler und Badenixen auf ihre Kosten kommen, Reiter in Ising gut aufgehoben sind, kulturell Interessierten die Türen vieler sehenswerter Kirchen und Museen offenstehen.

Fündig werden die Freunde einer soliden, bodenständigen Küche. Wanderern bieten sich die Aussichtspunkte, Filzen und Moose an. Ein besonderes Schmankerl ist die Eggstätter-Hemhofer Seenplatte.

Viele nützliche Informationen finden sich im Serviceteil am Ende des Buches ab Seite 180. Für jeden Ort am See werden Sehenswürdigkeiten, Aktivitäten, Einkehrtipps und Wanderungen genannt.

Allen Gesprächspartnern in diesem Buch sei für ihre Mitwirkung gedankt. Danke sagen möchte ich den Heimatpflegern, den stets hilfsbereiten Damen und Herren in den Touristinformationen, Ruth und Günter Müller/Eggstätt sowie Wolfgang Fikentscher/Breitbrunn und Helmut Pfenning/Bergen für ihre Gastro-Tipps. Geduld und Zeit mussten Wiltrud Hafner/Wimpasing und Käthe Schneider/Neufahrn bei Starnberg beim Durchsehen der Texte aufbringen. Dafür vielen Dank.

Manfred Hummel
Wimpasing, im April 2021

Unter der Woche hat man am »Bayerischen Meer« seine Ruhe und kann ungestört den Reiz der abwechslungsreichen Landschaft genießen. Warum also in die Ferne schweifen …

Routenverlauf in Kurzform

Der Chiemsee ist nach Bodensee und Müritz der drittgrößte deutsche See. Er hat eine Fläche von knapp 80 Quadratkilometern, die größte Länge beträgt 13 Kilometer und die Uferlänge 72 Kilometer. Sein mittlerer Wasserspiegel liegt bei 518 Meter NHN, die größte Tiefe liegt bei 73,4 Metern, die mittlere Tiefe bei 25,6 Metern. In kalten Wintern friert der See teilweise oder auch ganz zu. Hauptzufluss ist die Tiroler Achen, Hauptabfluss die Alz. Der Chiemsee-Uferweg ist etwa 57 Kilometer lang und verläuft überwiegend in unmittelbarer Nähe des Ufers ohne größere Steigungen oder starke Gefälle. Er ist meist gut ausgeschildert, geteert oder geschottert. Warnschilder weisen auf steile Abfahrten, Kurven und Schotter hin. Seine Höhenlage schwankt zwischen 520 und 535 Meter über Normal-Null. Wir haben den Chiemsee im Uhrzeigersinn umrundet und sind so immer in der Sonne gefahren. Die Tour ist an einem Tag zu schaffen, zumal mit dem E-Bike. Genuss-Radler und Ungeübte sollten sich den Rundkurs in Etappen aufteilen, damit Zeit zum Schauen und Einkehren bleibt – und das Hinterteil geschont wird.

Beispielsweise bietet sich am ersten Tag die Strecke von Prien nach Chieming an und zurück mit dem Schiff. Die zweite Etappe führt nach erneuter Seereise nach Chieming von dort zurück nach Prien. Am Südufer verzichten wir bewusst auf die Strecke entlang der lärmenden Salzburger Autobahn und machen lieber einen kleinen, aber dafür landschaftlich reizvollen Umweg. Auf der Herreninsel und der Fraueninsel ist Fahrradfahren verboten. Man kann die Räder abstellen und die Inseln zu Fuß erkunden. Eine wesentliche Hilfe ist der Chiemsee-Ringbus (Siehe Tipps). Wer mit dem Auto anreist, parkt am besten in Prien-Stock auf dem Großparkplatz der Chiemsee-Schifffahrt. Zweite Möglichkeit ist die Weiterfahrt nach Gstadt, denn von dort aus besteht eine regelmäßige Schiffsverbindung zur Fraueninsel.

Etappe 1 • Prien – Gstadt

Streckenlänge: 14 Kilometer. Vom Bahnhof Prien führt die Seestraße hinunter zum See. Nostalgiker folgen der Trasse der Chiemseebahn. Vom Großparkplatz aus ist der Chiemsee-Uferweg ausgeschildert. Vorbei am Erlebnisbad Prienavera nach Norden Richtung Rimsting. Unterhalb von Rimsting rund um die malerische Schafwaschener Bucht. Hinter Aiterbach schneiden wir die Halbinsel Sassau ab, fahren bis Urfahrn und rund um die Weingarten-Bucht unterhalb von Breitbrunn (7 Kilometer). Gstadt ist der Ablegepunkt für den Schiffsverkehr zur Fraueninsel.

Sehenswert: Steingarten, Naturerlebnisstation »Hütte an der Prienmündung«, Ludwig-Denkmal in Urfahrn, Naturerlebnisstation »Ganszipfl«.

Etappe 2 • Gstadt – Seebruck

Streckenlänge: 9 Kilometer. Der Weg verläuft parallel zur Seestraße und steigt in einem Waldstück sanft an. Vor der Zufahrt zum Schalchenhof schwenkt er scharf nach rechts ab und führt hinunter zum See. Eben geht es weiter nach Gollenshausen. Neben zahlreichen Bade- und Einkehrmöglichkeiten immer wieder lohnende Ausblicke auf See und Berge. Kurz vor Seebruck mündet der Radweg in die Römerstraße, die bis zum Ausfluss der Alz führt.

Sehenswert: Ausblick auf Fraueninsel und Berge, Lehrkräutergarten Gstadt, Naturerlebnisstation »Seebruck« mit Turm, Römermuseum und Zeugnisse aus der Römerzeit, Gasthof zur Post (Thoma).

Der Weg entlang der Tiroler Achen ist bei Radlern beliebt. Man kann nicht nur bequem auf einem Damm dahinradeln, sondern auch den Blick ins Achental genießen.

Etappe 3 • Seebruck – Chieming

Streckenlänge: 8 Kilometer. Nach der Alzbrücke ortsauswärts unter Alleebäumen entlang der Traunsteiner Straße direkt am Ufer Richtung Chieming. Durch einen Wald mit knorrigen alten Eichen zum Campingplatz Stöttham. Der »offizielle« Chiemsee-Uferweg führt nach links vom Ufer weg über die Straße »Beim Seehäusl« einen kleinen Berg hinauf. Schöner Ausblick. Weiter geht es auf der Straße hinein nach Chieming. Wer diesen »Umweg« ignoriert, sollte an schönen Tagen auf der Seepromenade das Rad schieben.

Sehenswert: Naturerlebnisstation »Chieming« mit Plattform, Uferpromenade, Hofmark.

Etappe 4 • Chieming – Übersee

Streckenlänge: 10 Kilometer. Erst am Ortsende dürfen die Radler wieder an den See. Der Chiemsee-Uferweg folgt der Staatsstraße nach Grabenstätt, die dann in Höhe eines Jachthafens nach links wegschwenkt. Jetzt wird es einsam auf der Rundtour. Nur einmal noch berührt der Weg die Straße. Schattiger Weg durch das Naturschutzgebiet »Tiroler Achen«. In der Hirschauer Bucht Gaststätte und ein Vogelbeobachtungsturm. Nach der Autobahnbrücke über die Tiroler Achen geht es nach links. Die kürzere, weniger reizvolle Alternative wäre hier der Chiemsee-Uferweg entlang der Autobahn. Wir aber folgen dem Achental-Radweg etwa drei Kilometer bis nach Übersee. Vor der Bahnlinie nach rechts. Die Schienen der Strecke München-Salzburg führen direkt nach Übersee.

Sehenswert: Naturerlebnisstationen »Turm Hagenau« und »Hirschauer Bucht« mit Turm, Achendelta, Kendlmühlfilzen.

Etappe 5 • Übersee – Bernau

Streckenlänge: 9 Kilometer. Nach dem Bahnübergang nach rechts in die Feldwieser Straße. Bereits nach wenigen Metern weist ein Schild nach links zum Exter-Kunsthaus. Schräg gegenüber liegt der schattige Biergarten des Wirtshauses D'Feldwies. Hinter der Touristeninformation an der Feldwieser Straße Fußweg in Richtung Kirche. Wir unterqueren ein massives Steinviadukt. In einer schattigen Grünanlage Kneipp-Anlage am Überseer Bach. Von der Kirche aus über Dorf-, Ring-, Hocherlacher und Wessener Straße zum Westerbuchberg (Achental-Radweg). Entweder an einer Weggabelung nach links den kurzen, aber steilen Anstieg zum Westerbuchberg. Bis zum Aussichtspunkt ein Umweg von zwei Kilometern. Oder dem bequemeren Weg (Angerling, Wessen) folgen und nach rechts am Berg entlang. Auf dem Gelände übt die Strafvollzugsanstalt Bernau hoheitliche Rechte aus. Nach einem Gehöft mündet der Wessener Weg in eine Schotterstraße, die zum Torfbahnhof führt. An der Bahn entlang nach Bernau.

Sehenswert: Exter-Kunsthaus, Gasthaus D'Feldwies, Neugotische Kirche von Übersee, gegenüber Gasthof Hinterwirt, Industriedenkmal Torfbahnhof mit Museum.

Etappe 6 • Bernau – Prien

Streckenlänge: 7 Kilometer. Am Ortsanfang von Bernau nach rechts dem Lauf der Bernauer Achen folgen. Wir unterqueren die Bahn und überqueren nach wenigen Metern die Achen, dann am rechten Ufer »Am Mühlwinkl« entlang. Unter der Autobahn durch führt der Weg kerzengerade in Richtung See. In Höhe des Medical Park Chiemsee scharf nach links durch das Bernauer Moos. Der Chiemsee-Uferweg ist wieder erreicht, wir folgen seiner Beschilderung. Bis zur Harrasser Straße durch unberührte

Natur, dann Jachthäfen, Werften, Segelclubs, Kliniken und Hotels. Am Großparkplatz der Chiemsee-Schifffahrt folgen wir links der Trasse der Schmalspurbahn bis zum Bahnhof.

Sehenswert: Heimatmuseum in der Ortsmitte, daneben Pfarrkirche, dahinter altes Viertel »Am Gries«, Schmalspurbahn und Schaufelraddampfer Ludwig Feßler.

Die Schiffe der Weißen Flotte nehmen auch Radler mit, wenn kein zu großer Publikumsandrang herrscht.

Extratour 1 • Durch Filzen und Moose

Streckenlänge: 23 Kilometer. Übersee – Grassau (auf dem Achental-Radweg) – Museum Klaushäusl (Salz und Moor) – Moorlehrpfad Rottau – Torfbahnhof – Übersee.

Sehenswert: Museum Klaushäusl, Torfbahnhof mit Museum.

Extratour 2 • Archäologischer Rundweg

Streckenlänge: 27 Kilometer. Seebruck – Stöffling – Truchtlaching – Ischl – Seilerberg – Heimhilgen – Burgham – Seebruck.

Sehenswert: Römermuseum Seebruck.

Wo einst die Strafgefangenen zum Torfabbau in die Kendlmühlfilzen rollten, rosten heute die Loren und Gerätschaften vor sich hin.

Extratour 3 • Eggstätter Seenplatte

Streckenlänge: 52 Kilometer. Gstadt – Unter-Frieberting – Kämpfenthal – Stettner See – Langbürgner Weiher – Eggstätt – Hartsee – Gaben – Einbessee – Kesselsee – Schlosssee – Langbürgner Weiher – Schloss Hartmannsberg – Stephanskirchen – Pelhamer See – Meisham – Eschenau – Oberbrunn – Seeon – Roitham – Stetten – Gstadt.

Sehenswert: Kloster Seeon und Filialkirchen, Schloss Hartmannsberg.

Wichtige Adressen

Tourismusbüro Prien: Alte Rathausstraße 11, 83209 Prien am Chiemsee, Tel: 08051/6905-0, info@tourismus.prien.de, www.tourismus.prien.de, Öffnungszeiten: 2. Mai bis 30. September, Montag bis Freitag 8.30 bis 18 Uhr, Samstag 8.30 bis 16 Uhr, Sonntag/Feiertag geschlossen.

Touristinformation Rimsting: Schulstraße 4, 83253 Rimsting, Tel: 08051/6876-21, info@rimsting.de, www.rimsting.de, Öffnungszeiten: Vorsaison, 1.1. bis 31.5., Montag bis Donnerstag 8 bis 12 Uhr, 13.30 bis 16.30 Uhr, Freitag 8 bis 12 Uhr. Hauptsaison: 1.6. bis 30.9. Montag bis Freitag 8.30 bis 12 Uhr, 13.30 bis 18 Uhr, Samstage im August 10 bis 12 Uhr. Nachsaison: 1.10. bis 31.12., Montag bis Donnerstag 8 bis 12 Uhr, 13.30 bis 16.30 Uhr, Freitag 8 bis 12 Uhr.

Tourist-Info Breitbrunn: Gollenshausener Straße 1, 83254 Breitbrunn a. Chiemsee, Tel: 08054/234, info@breitbrunn.com, www.breitbrunn.com Öffnungszeiten: Mai, Juni, September: Montag bis Freitag, 10 bis 12 Uhr, Montag, Dienstag und Donnerstag, 15 bis 17 Uhr. Im Juli und August: Montag bis Samstag 10 bis 12 Uhr, Montag bis Freitag 15 bis 17 Uhr. Oktober bis April: Montag bis Freitag 10 bis 12 Uhr, Montag und Donnerstag 15 bis 17 Uhr.

Tourist-Info Gstadt/Gollenshausen: Seeplatz 5, 83257 Gstadt am Chiemsee, Tel: 08054/442, info@gstadt.de, www.gstadt.de, Öffnungszeiten: Montag bis Freitag 8 bis 12 Uhr, 14 bis 17 Uhr, Samstag 10 bis 12 Uhr.

Tourist-Info Seeon-Seebruck-Truchtlaching: Römerstraße 10, 83358 Seebruck, Tel: 08667/8885-0, gemeinde@seeon-seebruck.de, www.seeon-seebruck.de, Öffnungszeiten: Montag bis Freitag 8 bis 12 Uhr, Dienstag 14 bis 17 Uhr, Donnerstag

14 bis 16 Uhr. Individuelle Terminvereinbarung außerhalb der Öffnungszeiten nach Absprache möglich.

Tourist-Info Chieming: Haus des Gastes, Hauptstraße 20 b, 83339 Chieming, Tel: 08664/9886-47, info@chieming.de, www.chieming.de, Öffnungszeiten: Mai bis September, Montag bis Donnerstag, 8 bis 12 Uhr, 14 bis 17 Uhr. Freitag, 8 bis 12 Uhr, ab Mitte Mai 13 bis 17 Uhr. Samstag, 1. Samstag in den bayerischen Pfingstferien bis Ende September, Samstag 9 bis 12 Uhr. Oktober bis bayerische Pfingstferien: samstags geschlossen. Sonn- und Feiertage geschlossen.

Tourist-Information Grabenstätt: Schloss-Straße 17, 83355 Grabenstätt, Tel: 08661/988731, gemeinde@grabenstaett.de, www.grabenstaett.de, Öffnungszeiten: Montag bis Freitag von 8 bis 12 Uhr, donnerstags von 14 bis 17 Uhr.

Tourist-Information Übersee-Feldwies: Feldwieser Straße 27, 83236 Übersee, Tel: 08642/295, info@uebersee.com, www.uebersee.com, Öffnungszeiten: Pfingsten bis Mitte September, Montag bis Freitag 8 bis 12 Uhr, 13 bis 17 Uhr. Samstag 9.30 bis 12 Uhr. Mitte September bis Pfingsten: Montag bis Donnerstag 9 bis 12 Uhr, 14 bis 17 Uhr. Freitag 8 bis 12 Uhr.

Tourist-Info Bernau am Chiemsee: Aschauer Straße 10, 83233 Bernau am Chiemsee, Tel: 08051/9868-0, tourismus@bernau-am-chiemsee.de, www.bernau-am-chiemsee.de, Öffnungszeiten: Montag bis Donnerstag, 8.30 bis 17 Uhr, Freitag 8.30 bis 16 Uhr, Samstag und Sonntag geschlossen.

Tourist-Info Aschau im Chiemgau & Sachrang: Kampenwandstraße 38, 83229 Aschau i. Chiemgau, Tel: 08052/9049-0, info@aschau.de, www.aschau.de, Öffnungszeiten: Juli bis September, Montag bis Freitag, 8 bis 18 Uhr, Samstag 9 bis 12 Uhr. Oktober bis Juni, Montag bis Freitag, 8 bis 12 Uhr, 13.30 bis 17 Uhr.

Chiemsee-Alpenland-Tourismus (Landkreis Rosenheim): Felden 10, 83233 Bernau am Chiemsee, Tel: 08051/965550, info@chiemsee-alpenland.de, www.chiemsee-alpenland.de Geöffnet Montag bis Freitag von 9 bis 17 Uhr.

Chiemgau Tourismus (Landkreis Traunstein): Haslacher Straße 30, 83278 Traunstein, Tel: 0861/9095900, info@chiemsee-alpenland.de, www.chiemsee-alpenland.de, geöffnet Montag bis Freitag von 9 bis 17 Uhr.

Abwasser- und Umweltverband Chiemsee (Chiemsee-Rundweg): Stiedering 1, 83253 Rimsting, Tel: 08051/69010, info@auv-chiemsee.de, www.auv-chiemsee.de

Informationen über Naturerlebnisse am Chiemsee, Beobachtungsstationen, Vogel- und Naturführungen, den Chiemsee Rund- und Radweg etc. unter www.chiemseeagenda.de

Kampenwandseilbahn: An der Bergbahn 8, 83229 Aschau i. Chiemgau, Tel: 08052/906440, automatisches Infotelefon: 08052/9064420, info@kampenwandbahn.de, www.kampenwandbahn.de

Chiemsee-Schifffahrt Ludwig Feßler KG: Seestraße 108, 83209 Prien am Chiemsee, Tel: 08051/6090, info@chiemsee-schifffahrt.de, www.chiemsee-schifffahrt.de

Schloss- und Gartenverwaltung Herrenchiemsee: 83209 Herrenchiemsee, Tel: 08051/6887-0, info.herrenchiemsee@bsv.bayern.de, www.herrenchiemsee.de Eintrittskarten für Führungen im Neuen Schloss sind nur an der Kasse im Besucherzentrum auf der Herreninsel erhältlich. Karten können per E-Mail reserviert werden.

Abtei Frauenwörth: Frauenchiemsee 50, 83256 Chiemsee, Tel: 08054/9070, abtei@frauenwoerth.de, www.frauenwoerth.de, Seminaranfragen über »Kontakt« im Seminarbereich der Homepage stellen.

Bahnhof Prien: Bahnhofplatz 2, 83209 Prien, Tel: 089/ 13081055; www.bahn.de

Tipps für eine unbeschwerte Radltour

Voraussetzung für eine unbeschwerte Radltour ist ein intaktes und verkehrssicheres Fahrrad. Eine rechtzeitige Überprüfung ist zu empfehlen. Ebenso für den Radständer am Auto. Für die Touren in diesem Buch empfiehlt sich ein Gravel-Bike (für Kies), Trekking-Rad, Mountainbike oder E-Bike.

• **E-Bike:** Ladestand des Akkus prüfen, reicht er für die geplante Tour? Eventuell aufladen oder Reserve-Akku mitnehmen.

• **Bremsen:** Müssen gut funktionieren; abgefahrene Gummis auswechseln, eventuell Zug nachstellen; bei Scheibenbremsen Backen und Luft prüfen.

• **Reifen:** Sollen gemäß den Druckangaben auf den Reifenflanken aufgepumpt sein (geringerer Rollwiderstand ermöglicht leichteres Fahren); auf jeden Fall eine Luftpumpe, Ersatzventile, evtl. Ersatzschlauch, Flickzeug und Werkzeug (Inbus-Schlüssel-Set). Haben die Reifen noch Profil?

• **Sattel:** Für ungeübte Radler sollte er eher weich sein. Das dämpft Stöße und entlastet den Körper. Dynamische Fahrer schätzen einen schmalen, harten Sattel. Wichtig ist die richtig eingestellte Sitzposition. Die Knie sollten leicht gebeugt sein, wenn man mit der Ferse im untersten Punkt auf dem Pedal steht. Die Kraft wird in dieser Position am besten und ohne Verluste umgesetzt.

• **Lenker:** Laut Sportprofessor Ansgar Schwirtz von der TU München sollte man nicht »zu tief« sitzen. Das ist dann der Fall, wenn das Gesamtgewicht des Körpers auf dem Gesäß liegt, also der Lenker zu hoch eingestellt ist. Man bietet einen höheren Luftwiderstand, es wird anstrengender und man tritt mehr nach vorn als nach hinten. Die Kraftübertragung ist dann nicht optimal.

• **Schaltung:** Öfter schalten, also den jeweils passenden Gang wählen, statt mit dem Oberkörper zu pendeln. Am besten schalten, wenn die Pedale entlastet sind, um die Schaltung zu schonen.

• **Licht:** Unerwartet kann sich die Tour bis in die Dunkelheit hinziehen. Eine ordnungsgemäße und funktionierende Beleuchtungsanlage (Vorder- und Rücklicht) kann Leben retten. Auf alle Fälle spätestens dann mit Licht fahren, wenn die Straßenbeleuchtung brennt, bzw. die Mehrzahl der Autos mit Licht fährt. Kräftesparend sind batteriegespeiste Vorder- und Rückleuchten.

• **Fahrradschloss:** Gibt ein sicheres Gefühl, wenn die Räder bei einer Rast nicht im Blickfeld stehen.

• **Radfahren mit Kindern:** Verkehrsreiche Straßen ohne Radwege meiden; Kinder nicht durch lange Strecken überfordern; bei der Mitnahme kleinerer Kinder auf einen geeigneten Kindersitz achten; fabrikationsbedingte Gewichtsgrenze und Höchstalter von sieben Jahren berücksichtigen; nur Kindersitze mit Befestigung am Rahmen und in Fahrtrichtung auswählen. Fahren zwei Erwachsene mit Kindern, sollten die Erwachsenen Anfang und Ende der Gruppe bilden. Radelt ein Erwachsener mit einem Kind, sollte er hinter dem Kind fahren.

• **Gepäck:** Rucksack. Taschen und Gepäck nie am Lenker transportieren, sondern am besten in einem Fahrradkorb, der auf dem Gepäckträger festgeklemmt oder fest installiert werden kann. Keine Jacken oder Schals heraushängen lassen.

• **Kleidung:** Fahrradhelm! Bei Zweiradlern ist der Kopf die Knautschzone! Helme sind nicht teuer, sehen flott aus und schützen auch vor der Sonne. Kurze oder lange Radlerhose, kurzes oder langes Trikot, Regenjacke, Handschuhe, Sonnenbrille. Gute Schuhe, evtl. mit Klick.

• **Notfall-Set:** Pflaster, Mullbinde, Hautdesinfektionsspray, Splitterpinzette, Salbe für wunde Stellen.

• **Verpflegung:** Rund um die Seen gibt es genug Einkehrmöglichkeiten, Kioske und Läden, so dass man sich mit Proviant nicht übermäßig belasten sollte, Fitnessriegel ausgenommen. Wichtig ist aber, den Flüssigkeitsverlust auszugleichen, am besten mit Wasser. Isotonisches Getränkepulver bringt neue Energie, Vitamine und Mineralstoffe.

• **Aktuelle Karte:** im Maßstab 1:50 000.

• **Fotoapparat:** mit ausreichend Speicherplatz und geladenem Akku.

Fahrräder in öffentlichen Verkehrsmitteln

• **Chiemsee-Ringbus-Linie (RVO 9586):** Der Rad- und Wanderbus verkehrt von Ende Mai bis Oktober. Zweimal täglich starten zwei Busse gleichzeitig von Prien und von Chieming nach Süden und umrunden den Chiemsee gegenläufig. Ausnahme: Die zusätzliche Mittagslinie startet nur ab Prien nach Süden und umrundet den Chiemsee. Ein Tagesticket kostet für

Rund um den Chiemsee bietet sich immer wieder Gelegenheit, die Fahrräder abzustellen, um einzukehren oder ganz einfach nur zu schauen.

Erwachsene 10,40 Euro, für Kinder 6,50 Euro und für Familien 24,50 Euro. Mit Kurkarte der beteiligten Gemeinden: Aschau, Bad Endorf, Bernau, Breitbrunn, Chieming, Grabenstätt, Grassau, Gstadt-Gollenshausen, Prien, Rimsting, Seeon-Seebruck, Traunstein und Übersee ist er kostenfrei. Radanhänger für 16 Fahrräder und E-Bikes. Die Mitnahme eines Fahrrads kostet 2,10 Euro pro Fahrt. Bahncards werden anerkannt, Verkauf von Bayern-Tickets im Bus. Voranmeldung für Gruppenfahrten ab 10 Personen: Tel: 08031/354950, 0861/708630 (nur werktags besetzt).

• **Anschluss zur Bahn:** Bahnhöfe in Bad Endorf, Prien, Bernau, Übersee, Traunstein. Bayernfahrplan: www.bayernfahrplan.de; Deutsche Bahn: www.bahn.de, Tel: 0800150790; Bayerische Regiobahn: www.brb.de, Tel: 08024/997171; Chiemgau-Bahn: Prien-Aschau (DB 952), kostenlose Radbeförderung. Die Chiemsee-Bahn verbindet den Bahnhof Prien mit dem Hafen Prien/Stock und ist zwischen Mai und September in Betrieb.Faltblätter mit Haltestellen und Abfahrtszeiten gibt es in den Touristen-Informationen oder unter www.chiemseeagenda.de

• **Anschluss zur Chiemsee-Schifffahrt:** in Bernau-Felden, Prien-Stock, Gstadt, Seebruck, Chieming und Übersee.

• **Fahrrad auf dem Schiff:** Sofern Platz an Bord ist und keine Fluchtwege verstellt werden, nimmt die Chiemsee-Schifffahrt Ludwig Fessler Fahrräder gerne mit. Die Entscheidung über die Mitnahme liegt beim Schiffsführer. Ein Beförderungsrecht besteht nicht. Für den Radtransport ist ein Entgelt von 4 Euro zu entrichten. Räder mit Kinderanhänger werden ebenfalls befördert. Das Entgelt ist nur für das Rad zu bezahlen.

Probleme könnte es geben, wenn für die letzte Rundfahrt ein kleines Schiff eingesetzt wird. Das ist dann möglicherweise voll besetzt. Ein Anruf bei der Chiemsee-Schifffahrt (08051/6090) vor Antritt der Radltour gibt darüber Aufschluss. Näheres auf der Homepage der Schifffahrt: www.chiemseeschifffahrt.de unter Hunde & Räder.

• **Fahrrad im Zug:** Fast alle Züge im Regionalverkehr in Bayern verfügen über Mehrzweckabteile, die von außen sichtbar mit einem Fahrradsymbol markiert sind. Sie befinden sich meist am Zuganfang oder Zugende. Die Fahrrad-Tageskarte Bayern gilt einen ganzen Tag lang in allen Regionalzügen im Freistaat und kostet 6 Euro pro Fahrrad, in den Verkaufsstellen 8 Euro. Sie gilt in allen Zügen des Nahverkehrs, in allen Verbundverkehrsmitteln in Nürnberg (VGN) und den S- und U-Bahnen in München (MVV). Allerdings sind hier Sperrzeiten im Stoßverkehr morgens und abends zu beachten. Fahrräder bis 20 Zoll Reifengröße sind kostenfrei.

- **Familienermäßigung:** In Begleitung ihrer Eltern bzw. Großeltern, die im Besitz einer gültigen Fahrrad-Tageskarte Bayern sind, dürfen Kinder bis zum Alter von einschließlich 14 Jahren ihr Fahrrad kostenlos in den Regionalzügen mitnehmen. Besitzer einer BahnCard 100 benötigen in den Zügen der DB kein separates Fahrradticket. Die Bahn gibt keine Garantie für die Fahrradmitnahme, wenn der Zug voll ist. Gegebenenfalls auf eine spätere Verbindung ausweichen. Näheres unter Bahn & Fahrrad in Bayern: www.bahn.de

Fahrradverleih: In nahezu allen Orten am See werden Fahrräder ausgeliehen. Wir nennen im Service-Teil am Ende des Buches Adressen und Telefonnummern.

Den lieben Gott einen guten Mann sein lassen kann man in Fritzi's Biergarten auf der Fraueninsel.

Seit mehr als 130 Jahren hat sich das Programm für Besucher des »Bayerischen Meeres« nicht verändert. Von Prien aus geht es mit der Dampfbahn nach Stock und mit dem Schiff hinüber auf die Inseln.

Schifferl fahren wie zu Opas Zeiten

Eine alte Dampf-Trambahn und ein historischer Schaufelraddampfer der Chiemsee-Schifffahrt Ludwig Feßler machen eine Seepartie zum unvergesslichen Erlebnis

Wie die Herreninsel und die Fraueninsel, so gehört auch die Schifffahrt zum Chiemsee, schon allein deshalb, um trockenen Fußes hinüber und herüber zu kommen. Aber anders als auf den übrigen bayerischen Seen ist nicht der Freistaat Bayern Eigentümer der weißen Flotte auf dem Chiemsee, sondern die Familie Feßler. Über die Jahrhunderte haben es Generationen von Feßlers verstanden, ihr Monopol gegen alle Anfechtungen zu behaupten. Prien-Stock ist bis heute Stützpunkt der Chiemsee-Dampfer.

Die Geschichte beginnt nach Aufzeichnungen des Schiffsforschers und Feßler-Archivars Arno Berlep mit dem Zimmermann Wolfgang Schmid, der 1843 die Idee hatte, ein hölzernes Dampfboot zu bauen, um damit verschiedene Orte am See nach einem Fahrplan miteinander zu verbinden. Die Dampfmaschine soll der Münchner Hofbrunnenmeister Franz Höß bauen, die Kesselanlage Kupferschmiedemeister Joseph Feßler (1803 bis 1883), ebenfalls aus München. Am 5. Mai 1845, eine Woche vor Aufnahme des regulären Betriebs, sticht der 20 Meter lange Schaufelraddampfer aus Fichtenholz zur Probefahrt in See. Der Chiemsee ist damit der erste bayerische See, der von einem Dampfschiff befahren wird. Entsprechend groß ist die öffentli-

Der Raddampfer »Ludwig Feßler« ist das Flaggschiff der Chiemsee-Schifffahrt. Gebaut wurde das Schiff 1926 in Regensburg.

che Aufmerksamkeit. »Heute landete zum ersten Mal das Dampfschiff auf seiner Probefahrt dahier beim Klostersteg an«, notierte eine Klosterschwester auf der Fraueninsel ins Tagebuch, »um 2 Uhr fuhr es nach Herrenchiemsee ab. Es ging sehr langsam, so dass ihm die gewöhnlichen Schiffe leicht nachfuhren und es einholten.« Die starken Schwingungen der Maschine und der Schaufelräder führen jedoch auch in einem zweiten, verbesserten Dampfboot zu Undichtigkeiten am Kessel, den Rohrleitungen und auch der Bordwand. Ständig müssen Spezialisten aus München anreisen, beziehungsweise der Kessel muss aufwendig dorthin und wieder zurück transportiert werden. Das geht ins Geld. Schmid gibt deshalb die Schifffahrt auf und verkauft sein zweites Dampfschiff an Feßler.

Der geschäftstüchtige Kupferschmied beantragt daraufhin zusammen mit dem Chieminger Gastwirt Alois Sedelmeier die Konzession für die Schifffahrt auf dem Chiemsee und ein Bewirtungsrecht auf dem Dampfschiff. Unter Auflagen geruht Ludwig I. dem Gesuch im Februar 1848 zu entsprechen. Ein drittes Holzboot hält aber auch nur wenige Jahre. Dann liefert die

Zur Attraktion von Prien gehört die Dampf-Trambahn. Seit dem Sommer 1887 bringt das »Bockerl« die Ausflügler vom Bahnhof Prien direkt an den Landungssteg der Schiffe in Stock

Lokomotiven-Fabrik Maffei 1859 endlich das erste Schiff aus Eisen an den Chiemsee. Es wird auf den Namen »Herzog Maximilian« getauft. Die Passagierzahlen und damit auch die Einnahmen sind jedoch mäßig. Das ändert sich erst ab dem Bau der Eisenbahnstrecke München-Salzburg im Jahr 1860. Feßler kommt auf die Idee, in Stock bei Prien ein Sägewerk zu errichten. Die Stämme kommen über den See. Für das Betreiben des Sägegatters nutzt er außerhalb der Saison die Dampfmaschine seines Schiffes. Dafür wird der »Herzog Maximilian« fest vertäut, die Schaufelräder abgebaut und eine Riemenscheibe auf die Welle geschraubt. Dann heißt es »Volle Kraft voraus!« und die Säge setzt sich in Bewegung. Feßler senior baut in Stock außerdem Hafenanlagen und eine Villa.

Mit 18 Jahren übernimmt Feßlers fünftgeborener Sohn Ludwig (1846 bis 1910) die Geschäftsführung in Stock. Weit weg von München, entwickelt er Eigeninitiative und Ehrgeiz. Zu Beginn seiner Karriere steht er sogar als Kapitän auf dem »Herzog Maximilian«. Während der Bauarbeiten des Schlosses Herrenchiemsee kommt König Ludwig II. 1886 überraschend zu Tode. Wenig später gibt Prinzregent Luitpold das halbfertige Schloss zur Besichtigung frei. Die Chance, erstmals ein Schloss des publikumsscheuen Märchenkönigs von innen zu sehen, löst einen Ansturm aus. Die neugierigen Besucher kommen mit der Bahn in Prien an. Von dort gelangen sie in Pferdefuhrwerken zum zwei Kilometer entfernten Hafen in Stock, was in Prien zum ersten dokumentierten Verkehrsstau führt. Noch im gleichen Jahr beantragt Ludwig Feßler deshalb zusammen mit dem Fabrikanten Georg Krauss den Betrieb einer Dampf-Trambahn von Prien nach Stock. Im Juli 1887 geht die grasgrün lackierte Schmalspurbahn erstmals auf die 1,8 Kilometer weite Reise. Sie fährt heute noch! Als eine der letzten ihrer Art weltweit, zuckelt sie mit 15 Stundenkilometern Spitze durch Prien. Dabei faucht sie und pfeift sie und stößt gefährlich aussehende schwarze Wolken aus. Von den Touristen wird sie mindestens ebenso oft fotografiert wie der historische Raddampfer »Ludwig Feßler«. Neben der 1908 in Dienst gestellten »Dießen« auf dem Ammersee ist er der größte Schaufelraddampfer, der in Bayern verkehrt. 1927 nahm er seinen Betrieb auf. Vor dem geistigen Auge flanieren Damen in Spitzenkleidern unter Sonnenschirmen vorbei, eingehakt bei Herren mit Schnauzbart, Panama-Hut und Gehrock.

Die fünf Kinder des Ehepaars Ludwig und Babette Feßler schaffen es nach dem Tod des Vaters im Jahr 1910, das Unternehmen über das Inflationsjahr 1923 zu retten und ihr Monopol gegen die Begehrlichkeiten Münchner Landtagsabgeordneter zu verteidigen, die es am liebsten verstaatlichen würden. Auch den Zweiten Weltkrieg übersteht die Flotte unbeschadet, kann aber längere Zeit, unter anderem aus Brennstoffmangel, nicht auslaufen. Immer wieder kommt es zu erbittert geführten gerichtlichen Auseinandersetzungen mit Seeanrainern in Gstadt und auf der Fraueninsel, die auch Rechte für die Beförderung von Personen und Fracht beanspruchen. Doch die Feßlers obsiegen in den meisten Fällen. Auch der Freistaat ist froh, dass die Familie die Linienschifffahrt betreibt. Sie sind an den Fahrplan gebunden und müssen das ganze Jahr über alle Stationen anfahren, nicht nur an den wenigen wirklich schönen, lukrativen Sommertagen. Der ehemalige Finanzminister Georg von Waldenfels bot den Feßlers anlässlich eines Betriebsbesuchs sogar einmal an, auch die damals defizitäre Schifffahrt auf dem Starnberger See und dem Ammersee zu übernehmen. Ein offizielles Angebot gab es jedoch nie. Die Sache verlief im Sande.

Als der Raddampfer »Ludwig Feßler« 1972 eine moderne Dieselhydraulikanlage mit zwei MAN-Motoren erhält, geht die Ära der Dampfschifffahrt auf dem Chiemsee zu Ende. In fünfter Generation führen heute Michael Feßler (Jahrgang 1967) und sein Vater Ludwig Feßler (Jahrgang 1941) das Unternehmen. Der alte Schaufelraddampfer ist das Flaggschiff der Flotte von 13 Schiffen. Größter Dampfer ist die »Edeltraud« mit maximal 950

Plätzen. Etwa 70 Mitarbeiter halten die Flotte in Schuss, 35 Kapitäne steuern sie. Oft arbeiten sie ein Leben lang bei Feßler, manchmal auch deren Söhne. Die Fahrgastzahlen liegen ziemlich konstant bei knapp einer Million im Jahr. Von 2001 bis 2019 wurde der Hafen komplett umgebaut. Anstelle der alten Villa steht heute das Hotel »Luitpold am See« mit Restaurant und dem Café Luitpold.

Weitere Informationen und Fahrpläne:
www.chiemsee-schifffahrt.de

Hüterin königlicher Träume

Als Kastellanin von Schloss Herrenchiemsee leitet Veronika Endlicher den Besucherstrom in geregelte Bahnen / Vom Privileg, die Morgenstimmung allein zu genießen

Der Hofzug aus München kommt am späten Abend in Rimsting an. Die Dampflokomotive faucht, Pferde wiehern. Eine Kutsche bringt den einzigen Passagier hinunter nach Urfahrn, von wo aus sich der scheue Monarch im Dunkel der Nacht in einem Kahn zur Insel rudern lässt. Dort, in der Mitte der Herreninsel, lässt er seine Träume zu Stein werden. Abgeschirmt von dichtem Baumbestand, entsteht »sein« Versailles, die nachempfundene Residenz des französischen Sonnenkönigs Louis XIV., Ludwigs großes Vorbild. In einer nüchternen, zunehmend von Großmächten und zu Hause vom Ministerrat dominierten Welt, will Ludwig II. etwas vom Glanz und der absolutistischen Machtfülle seines berühmten Namensvetters erhaschen, auch wenn es nur in der Imagination ist.

Er will es aber nicht nur träumen, sondern nachts in einer durchdachten Inszenierung tatsächlich erleben. »Ich schätze den König als Bauherrn. Er hat sich komplett in andere Welten und

Veronika Endlicher, die Kastellanin von Schloss Herrenchiemsee, schätzt König Ludwig II. als Bauherrn. Er habe nichts kopiert, sondern sein eigenes Programm realisiert.

Zeiten eingearbeitet. Er hat nichts kopiert, sondern sein eigenes Programm realisiert«, sagt Veronika Endlicher, Kastellanin von Schloss Herrenchiemsee. Die Ideen des Wittelsbachers stecken im kleinsten Detail. Alles hat seine Bedeutung, nichts ist dem Zufall überlassen. Während aber der Pomp des Originals eine kalkulierte Demonstration königlicher Macht war und möglichst viele Besucher beeindrucken sollte, legt der nächtliche Gast größten Wert auf Einsamkeit. Er will seine Gegenwelt allein erleben und intensiv genießen. So wie fast 400 Privatvorstellungen, die im Münchner Hoftheater nur für den König gegeben wurden.

Das Schloss ist gebaut für einen einzigen Besucher. Ludwig ist Betrachter und Darsteller zugleich. Nur wenige Bedienstete dürfen anwesend sein. Ihre Hauptaufgabe besteht darin, das Schloss mit knapp 5000 Kerzen zu illuminieren. 1885 zum Beispiel werden binnen zehn Tagen 40000 Kerzen verbraucht. 35 Diener sind notwendig, um alle Kerzen im Schloss anzuzünden. Täglich werden neue Kerzen aufgesteckt. Noch bis 1982 sind Konzerte in der großen Spiegelgalerie bei Kerzenlicht eine begehrte Attraktion. Heute geht das nicht mehr, weil die Brandmelder lospiepen würden.

1873 erwirbt der König die etwa 240 Hektar große Insel Herrenwörth als Standort für sein »Neues Schloss Herrenchiemsee«. Dem Vorhaben gehen intensive Planungen voraus, die Ludwig immer wieder korrigiert. 1878 wird mit dem Bau des »Bayerischen Versailles« nach den Plänen des Architekten und Hofbaudirektors Georg von Dollmann (1830 bis 1895) begonnen. Erst der 14. Entwurf wird realisiert. Während der siebenjährigen Bauzeit hält sich der König einige Male in seiner Wohnung im Augustiner-Chorherrenstift auf, von der aus er die Arbeiten überwacht. »Fehler« hält er dem Architekten sofort vor. »Er hat es verbrochen, er muss es wieder richten!« So will Dollmann nicht in den Kopf, dass der Bauherr nichts Bayerisches oder Wittelsbacherisches in seinem Schloss duldet. Nun, das hätte nicht zu Versailles gepasst. Ein bayerisches Wappen in einer Balustrade muss Dollmann wieder entfernen. Der König duldet auch kein Selbstbildnis. Das einzige heimliche Bild Ludwigs befindet sich in der Tür des Porzellankabinetts. Ein Putto hält ein Gemälde, auf dem Cleo den ruhmreichen – Ludwig – einträgt in das Buch der Geschichte.

Der Bau der Königsschlösser war damals ein respektables Konjunkturprogramm für bayerische Unternehmen, merkt der frühere Kastellan Werner Koch an. »Wie heute der Staat, so hat sich damals der König verschuldet.« Sein Schuldenstand sei jedoch im Vergleich zu heute bescheiden gewesen, das Volk musste nicht bluten. Viele Details wie die Vorhänge oder die Lüster aus Meissener Porzellan hatte Ludwig selbst entworfen, sein Herzblut steckte darin. Bei den Vorhängen und Wandteppichen handelt es sich heute noch um Originaltexturen.

Es kostete ihn viel Kraft und Zeit, seine Vorstellungen umzusetzen, denn die Widerstände wurden immer größer. Er verstand nicht, dass für diese schönen Dinge kein Geld da war. »Ein Tag Krieg kostet mehr als irgendeines meiner Schlösser«, soll er einmal gesagt haben. Die Aufträge für den Rohbau und die Inneneinrichtung gehen fast ausschließlich an Firmen in München. Örtliche Unternehmen sind dafür zu klein. Die Einheimischen profitieren allenfalls als Hilfsarbeiter, Fährleute oder Gastwirte. Als Ludwig am 13. Juni 1886 im Starnberger See zu Tode kommt, ist das Schloss noch unvollendet, beispielsweise das nördliche Treppenhaus. Auch vom großen Garten, den Hofgartendirektor Carl von Effner plant, sind nur die Brunnen, etwa der Latona-Brunnen, und Wasserspiele entlang der Ost-West-Hauptachse fertig gestellt. Bereits Ende Juli 1886 wird das Schloss als Museum eröffnet. 1907 wird der linke Seitenflügel abgerissen, es stehen nur noch die Fundamente.

Seit 2012 hat Veronika Endlicher die Aufsicht über Ludwigs Traumgebilde. Die junge, ledige Frau, die Geschichte und Politik studiert hat, wohnt in Traunstein. Sie leitet den Führungsbetrieb der 20 Schlossführerinnen und -führer, kümmert sich um Privattermine für externe Firmen und Veranstalter, betreut Film- und Fernsehteams. Um 6.40 Uhr steigt sie in Prien in das erste Schiff, um an ihren Arbeitsplatz zu gelangen. Sie genießt die Morgenstimmung und hat das ganze Schloss für sich allein. »Das ist ein Privileg.« Man tauche immer weiter ein bei dem Versuch, nachzuvollziehen, was der König dachte, und kratze doch nur die Oberfläche. Auch seine Architekten und Bauleiter hätten nicht verstanden, was sie bauen sollen. Der König habe Order gegeben, das wird so und so gemacht, aber nicht gesagt, warum.

Man muss sich in Ludwigs Traumwelt hineindenken, um seine Symbolik zu enträtseln. Der König soll Goethe und Schiller, Nietzsche und Edgar Ellen Poe gelesen haben. Auch aus seiner in blumiger Sprache geschriebenen Korrespondenz lassen sich Schlüsse ziehen. Erst eine bestimmte Anzahl von Puzzlestücken ermöglicht ein gewisses Verständnis. So ist das Prunktreppenhaus im Parterre in blau gehalten. Die Farbe steht für die Nacht. Stufe für Stufe geht der Besucher dem neuen Tag entgegen. Im ersten Stockwerk deuten zartrote Farben die Morgenröte an.

Hier herrscht Sonnengott Apollo. Die Planeten verkörpern die Götter, als deren irdische Vertreter die Herrscher fungieren, so wie der Sonnenkönig und eben Ludwig. Über dem Treppenhaus wölbt sich ein Glasdach – der offene Himmel. Historischer Baustil wird mit damals modernster Technik verknüpft.

Das Spiel mit dem Licht, die Verbindung zwischen Tag und Nacht, setzt sich im ganzen Schloss fort. In den Wandnischen sind große Spiegel so angeordnet, dass sie sich genau gegenüber liegen. Wer auf einer der Bänke Platz nimmt und den Kopf nach rechts oder links dreht, schaut in die Unendlichkeit. Je tiefer der Blick reicht, desto mehr verschwimmt die Einrichtung des Gemachs, zumal bei schummrigem Kerzenlicht. Sie wirkt dann wie ein geheimnisvoller Wald, dessen Bäume der von der Realität verschreckten Seele ein Versteck bieten.

Ludwig soll sich als Astraios, König der Nacht, verstanden haben. Bei seinen Aufenthalten steht er erst nachmittags auf und nimmt gegen 17 Uhr das Frühstück ein. Das hat seine Bewandtnis: Tageslicht würde die Wirkung der Kerzen neutralisieren. »Das törnt total ab.« Erst wenn die Dunkelheit hereinbricht, beginnen die Bilder im Geflacker der Kerzen zu leben. Dann haben die Besucher unserer Tage das Schloss längst verlassen. Schluss ist im Sommer um 18 Uhr. Ihnen entgeht auch die »Lightshow« in der großen Spiegelgalerie. Denn um die wertvolle Inneneinrichtung vor den Sonnenstrahlen zu schützen, sind die Vorhänge stets fest zugezogen.

Der König hat die Fensterfront des 98 Meter langen Festsaales genau nach Westen ausgerichtet, so dass sich die Strahlen der untergehenden Sonne in den unzähligen Kristallprismen der Kandelaber und Kronleuchter brechen. Das entfacht ein Feuerwerk flirrender Regenbogen, die auf dem Parkett tanzen. Je tiefer die Sonne sinkt, desto intensiver die Farben. Vom Garten aus betrachtet, sieht das aus wie eine Disco. Allerdings hat der König die Show wohl selten zu sehen bekommen, denn er reiste bekanntlich erst bei Dunkelheit an. 1881 besucht Ludwig zum ersten Mal sein neues Schloss. Zu diesem Zeitpunkt sind die Spiegelgalerie und das Paradeschlafzimmer fertiggestellt, das ihm am 18. September übergeben wird. Um Majestät einen Eindruck zu geben, wie die noch im Rohbau oder in der Fertigstellung befindlichen Räume einmal aussehen werden, hat man Gemälde von Versailles und Bühnenbilder aufgestellt. Erst 1885 wird das Schloss soweit fertig.

Das prachtvolle Schlafzimmer ist in Ludwigs Augen eine dem Sonnenkönig gerechte Ruhestätte. Die Sonnenstrahlen fallen direkt auf das reich vergoldete Bett und treffen dort die »Sonne«, die wieder zurückstrahlt. Im Vergleich dazu war das echte Schlafzimmer in Versailles, in dem Louis XIV. sein »Lever« und »Coucher« praktizierte, wesentlich kleiner und einfacher. Indem er es größer ausführen ließ, wollte Ludwig seinem Namensvetter ein Denkmal setzen, erklärt Veronika Endlicher. Der König hat nie in dem drei Meter langen und zwei Meter breiten Prunkbett geschlafen, auch nicht in seinen Privatgemächern, weil er ja nachts durch seine Traumwelt flanierte. Das Prunkbett im Blauen Schlafzimmer ist für die Kastellanin das Highlight. »Da steckt viel Ludwig II. drin.«

Das berühmte Tischlein-deck-dich ließ er eindecken für imaginäre Gäste aus der Zeit der Bourbonenkönige, etwa die Madame de Pompadour. »Das sind mir die liebsten Gäste«, hat der König gesagt, »sie kommen und gehen, wann ich will.« Ähnlich dem Butler James in »Dinner for one« dürfte Ludwig II. Toasts auf die illustre Runde ausgebracht haben. Der »Swimmingpool« im Parterre rundet das skurrile Gesamtkunstwerk ab. Das ovale Becken fasst 60000 Liter und ist 1,70 Meter tief. Das Wasser wurde heiß eingelassen, die Marmorfließen konnten vom Keller aus erwärmt werden. Der hoch gewachsene König soll auch selbst darin gebadet haben. Über eine Wendeltreppe gelangte er

Der Latona-Brunnen gehört zu den Elementen, die Ludwig II. bei der Gartengestaltung vom Vorbild Versailles übernahm. Er wurde noch zu Lebzeiten des Königs fertig.

ins Ankleidezimmer, wieder vorbei an endlosen Spiegelfluchten. Hier wohnt man nicht, hier geht man durch ein Panoptikum, weil man etwas erleben will. »Der bayerische König Ludwig II. war in diesem Memorialbau quasi nur Untermieter in einer kleinen Einliegerwohnung«, heißt es im Begleittext zu einem Film von Gertraud Dinzinger über Herrenchiemsee mit dem Titel »Sonne, Mond und Märchenschloss«.

Zu »normalen« Zeiten besuchen das Schloss im Monat August etwa 2500 bis 3000 Besucher. Ihnen sei ein Satz mit auf den Weg gegeben, den Ludwig II. einmal zu einem Besucher gesagt hat: »Geh leise, denn du gehst auf meinen Träumen.«

Weitere Informationen: www.herrenchiemsee.de

Königliche Fledermäuse

Wenn Ludwig II. nächtens durch sein Schloss wanderte, wähnte er sich allein – war es aber nicht. Oben auf dem Dachboden regten sich Bewohner, die genauso nachtaktiv waren wie der König und es bis heute sind: Fledermäuse. Ist die Sonne untergegangen und haben die letzten Besucher die Insel verlassen, wachen die streng geschützten Säugetiere auf. Kolonien von Fledermäusen bevölkern von Mai bis Oktober die oberste Etage. Tagsüber hängen sie trotz des Trubels in den königlichen Gemächern schlafend im Gebälk. Kastellanin Veronika Endlicher achtet auch streng drauf, dass die Schlossbewohner ihre Ruhe haben. In bestimmte Bereiche im Speicher und im Keller darf keiner hinein. Die Schlösserverwaltung ließ spezielle Brandschutztüren einbauen, die Durchflugklappen haben. Um Besuchern die Tiere zu zeigen, sie aber dabei nicht zu stören, wurden auf dem Dachboden Infrarotkameras installiert. Was die Schlossbewohner gerade treiben, ob sie schlafen oder herumschwirren, kann am Ausgang der Schlossführung auf Monitoren verfolgt werden. Dazu informieren Tafeln, Lehrfilme und ein nachgebautes Versteck detailliert über die vom Aussterben bedrohte Tierart. Von 16 Fledermausarten auf der Herreninsel (23 gibt es in Bayern) leben drei auf Ludwigs Dachboden: das Große Mausohr, die Wimpernfledermaus und die kleine Hufeisennase. Im Schloss lebt eine von nur noch drei Kolonien der in Bayern einst sehr häufigen Art. Wenn sie im Frühjahr kommen, bringen sie ihre Jungen zur Welt, ein bis zwei pro Weibchen. Die vielen Insektenarten in den naturnahen Laubwäldern und Uferzonen der Herreninsel – Fliegen und Schnaken, Käfer, Nachtfalter und Spinnen – bieten ihnen einen reich gedeckten Tisch. Nur ganz wenige Arten in Amerika, die »Vampirfledermäuse«, ernähren sich vom Blut von Säugetieren und Vögeln. Ihre Beute und die Umgebung orten sie mit Ultraschall. Das Echo übermittelt ihnen ein genaues Hörbild der Umgebung.

Nach der Paarung verschwinden die Fledermäuse in die Berge, um dort in Höhlen zu überwintern. Dabei fliegen sie bis zu tausend Kilometer weit. Fledermäuse können über 30 Jahre alt werden.

Rund um Herrenchiemsee

Wer sich Schloss und ehemaliges Kloster bereits angesehen hat, dem sei der Rundwanderweg durch den »Naturpark« Herreninsel ans Herz gelegt. Durch schattigen Laubwald, an Viehkoppeln und Obstwiesen entlang, bietet er eine erholsame Alternative zum Massenbetrieb auf den Hauptwegen und dazu reizvolle Ausblicke auf See und Berge. Für den sieben Kilometer langen Fußweg sind etwa zweieinhalb Stunden einzukalkulieren. Sehenswert ist an der Nordspitze die in frischem Blau gestrichene Kapelle zum Heiligen Kreuz. Sie fällt ins Auge, wenn man mit dem Schiff von Prien kommt. Die Kapelle wurde 1697 erbaut, ist aber leider nicht zugänglich. Eine weitere Inselkirche, St. Maria, wurde auf einem Hügel neben dem Augustiner Chorherrenstift für die Laien der Klosterpfarrei errichtet und 1469 geweiht. Sehenswert ist in dem spätgotischen Bau die Kassettendecke mit Tafelgemälden aus dem Marienleben. Außerdem steht hier noch eine wertvolle barocke Orgel von 1668. Ein farbenfrohes Schauspiel ist die Schleppjagd, die alljährlich im Herbst stattfindet.

Ludwig II. darf getrost als Retter des üppigen Laubwaldes auf Herrenchiemsee bezeichnet werden. Nach Protesten aus der Bevölkerung kaufte er die Insel 1873 württembergischen Holzspekulanten ab, die bereits mit dem Abholzen der Laubbäume beginnen wollten. Der König hatte längst entdeckt, dass sich die Insel als idealer Bauplatz für sein »Versailles« eignen würde. 350 000 Gulden stellte der Monarch für den Kauf zur Verfügung. Wie das Schloss, so sollte auch die Gartenanlage als Nachbau von Versailles monarchischen Glanz verströmen. Ein Standort im Graswangtal hatte sich als zu klein erwiesen. Dafür entstand dort Schloss Linderhof. Ein weiterer Platz, die Insel Wörth im Staffelsee, kam ebenfalls nicht in Frage. Sie gehörte dem Löwenbräu-Besitzer Ludwig Brey, und der weigerte sich, an Ludwig II. zu verkaufen.

Der Monarch wollte Versailles aber nicht maßstabsgetreu kopieren. Sowohl im Inneren als auch im Garten genügte es ihm, zentrale Räume wie das Paradeschlafzimmer und den Spiegelsaal sowie Gartenelemente entlang einer Mittelachse zu bauen: Das waren nach Westen die beiden großen Wasserbassins mit den Figuren der Fama und Fortuna, das Blumenparterre mit dem Latona-Brunnen und der Große Kanal mit einem geplanten Apollo-Brunnen davor. Nach Osten erstreckte sich vor dem Schlafzimmer die lange Auffahrtsallee. An deren Ende am See sollten die Schiffe anlegen. Der König drängte auf schnellstmögliche Fertigstellung. Ausdrücklich wünschte er keinen Ausblick auf den See. In seiner Phantasie schwebte ihm wohl ein neues Königreich auf einer fernen Insel vor. Auch eine Eisenbahnlinie sollte in einer weiten Schleife um das Schloss verlaufen.

Unbedingt besucht werden muss die Dauerausstellung »Stationen Deutscher Nachkriegsgeschichte: Verfassungskonvent Herrenchiemsee 1948« im ehemaligen Chorherrenstift. Im holzgetäfelten Speisesaal König Ludwigs entstand drei Jahre nach dem Ende des Zweiten Weltkriegs eine neue Verfassung für die Bundesrepublik. Multimedia-Angebote machen deutlich, wie spannend die Diskussion um den deutschen Föderalismus verlief. Nicht minder sehenswert sind die Wohn- und Arbeitsräume König Ludwigs II. in der Südost-Ecke des Gevierts. Die »Galerie Maler am Chiemsee« gibt schließlich einen Überblick über die Entwicklung der Malerei rund um den See und ihrer bedeutendsten Repräsentanten.

Wo sich heute die Besucher des Schlosses Herrenchiemsee tummeln, hing Ludwig II. in selbst gewählter Einsamkeit seinen Träumen vom absoluten Herrschertum nach.

Von Prien nach Gstadt

Nachdem wir mit der Bahn in Prien angekommen sind oder das Auto auf dem Großparkplatz der Seenschifffahrt Feßler in Stock abgestellt haben, kann es losgehen mit der Tour um den Chiemsee. Wir lassen den Trubel am Hafen schnell hinter uns und folgen der Beschilderung des Chiemsee-Uferwegs. Beachtenswert ist der Rimstinger Steinlehrpfad, der entlang der Prien bis zu deren Mündung verläuft und an der Schafwaschener Bucht endet. Die Findlinge und erratischen Blöcke geben Aufschluss über die eiszeitlichen Ablagerungen des Voralpenlandes. Darunter ist Gestein, das aus den entlegensten Winkeln der Zentralalpen stammt und von den Gletschern bis an den Chiemsee geschoben wurde. Die Blöcke aus Granit, Gneis, Muschelkalk und Quarzit haben bis zu 250 Millionen Jahre auf dem Buckel.

Das Erlebnisbad »Prienavera«, dessen Dach aus der Vogelperspektive einer riesigen Muschel gleicht, liegt auf einer Sichtachse mit dem Königsschloss auf der Herreninsel. Von der Naturerlebnisstation »Hütte an der Prienmündung« lässt sich vielleicht ein Haubentaucher mit Nachwuchs beobachten. Wir umrunden die Schafwaschener Bucht. Jenseits der Bahnlinie liegt am Hang die Ortschaft Rimsting, die vermutlich bereits in der Kelten- und Römerzeit besiedelt war. Die meisten Bauernhöfe gehörten früher zum Kloster auf der Fraueninsel. Als Folge des Spanischen Erbfolgekrieges zwang man Rimstinger Bauern zu Fuhrdiensten. Dabei kamen sie auch bis in die Gegend um Wien und wurden dort sesshaft. Der neuen Heimat gaben sie Namen aus der alten: Ottakring, Hitzing und Nußdorf. Die Daheimgebliebenen kamen mit dem Transport von Wein und Salz zu Wohlstand. Als Lagerraum für das »Weiße Gold« bewährten sich

Wassersport wird am Chiemsee großgeschrieben. Im Hintergrund die Kirche St. Petrus von Gstadt.

Einfirsthäuser mit saalhohen Decken und hohen, schlanken Fenstern. Hohe Dachgeschosse garantierten trockene Räume. Weil sie von italienischen Wanderarbeitern errichtet wurden, hießen diese Bauten »Ithaker-Höfe«. Einige sind noch in Rimsting zu bewundern. Der Ort war auch Motiv für die Sammlung der schönsten Landschaften Bayerns, die König Maximilian I. für die Ausschmückung der Badenburg im Schlosspark von Nymphenburg anfertigen ließ. Peter von Hess malte das Chiemsee-Bild 1812 von der Ludwigshöhe aus. Nach der Säkularisation kamen Hochaltar und Kanzel aus der Domstiftskirche Herrenchiemsee in den Handel. Die Rimstinger griffen zu und verschönerten damit ihre Pfarrkirche St. Nikolaus.

Als der Rimstinger Bahnhof noch seinen Namen verdiente, pflegte dort im vorletzten Jahrhundert ein prominenter Fahrgast aus München aus- und einzusteigen: Ludwig II. Der König kam meist am späten Abend oder in der Morgendämmerung aus München an, um höchstpersönlich den Baufortschritt seines Schlosses zu überwachen. Ein eigens errichteter Königspavillon schützte den menschenscheuen Monarchen vor Gaffern. Lud-

Die alte Tafel in der Fassade eines Hofes auf dem Weg nach Urfahrn kündet davon, welcher Profession der Hausherr nachging.

wig ließ sich dann hinunter ans Seeufer nach Urfahrn kutschieren, von wo aus er zur Herreninsel übersetzte. Ein Jahr nach Ludwigs Tod 1886 wurde der Pavillon abgetragen und in einfacherer Form neben dem Bahnhof Prien wieder aufgebaut. Wo der »Märchenkönig« einst eine Tasse Schokolade zu nehmen pflegte, hat die Deutsche Bahn so profane Dinge wie Fernmeldeanlagen, Kabel und Verteiler untergebracht.

An der Rimstinger Bäckerei Brandl (heute Schmidmeier) verrät eine Hinweistafel, dass hier die Mutter des emeritierten Papstes, Maria Ratzinger, aufwuchs. Joseph Ratzinger und sein Bruder Georg feierten 1951 in Rimsting ihre Nachprimiz. Sie besuchten 1999 auch die »Ratzinger Höhe« (693 Meter), einen der schönsten Aussichtspunkte auf den Chiemsee. Das gab dem Hügel aber nicht seinen Namen: Er rührt von der nahegelegenen Ortschaft Ratzing her.

An der Schafwaschener Bucht liegt der Gasthof Hotel Seehof. Er bildete die Kulisse für Josef Bierbichlers Film »Zwei Herren im Anzug« von 2018. Das Schwarz-weiß-Epos schildert die Familiengeschichte der Wirtsfamilie Bierbichler in Ambach am Starnberger See. Der Gasthof wurde inzwischen verkauft, der neue Eigentümer will ihn umbauen. In Aiterbach passieren wir das malerisch am See gelegene Freizeit- und Bildungszentrum der Bayerischen Landesbank. Es steht auch Gästen offen, die nicht zur Bank gehören und ist zu empfehlen.

Eine stattliche Allee führt auf die Halbinsel Sassau und zu dem dort liegenden Gutshof der Erbengemeinschaft Arco-Valley Gräfinnen, ist aber für die Öffentlichkeit gesperrt. Ein Baron erläutert am Telefon, warum das so ist: In den vergangenen Jahren habe man sehr negative Erfahrungen gemacht. Schwimmer würden auf den Steg klettern, es habe auch schon Zeltlager mit Feuerstellen gegeben. Schilfbestand sowie die Ruhezonen für Vögel und Fische bedürften aber des besonderen Schutzes, hat das Landratsamt Rosenheim verfügt und die Nutzung eingeschränkt. An der Spitze der Landzunge von Urfahrn erinnert ein Denkmal daran, dass hier König Ludwig II. das Boot hinüber zur Herreninsel bestieg. Ortsnamen wie »Weingarten« lassen darauf schließen, dass im gemäßigten Seeklima Wein und auch Obst gedeihen. Das Treiben der Wasservögel lässt sich vom Turm am Ganszipfl aus beobachten. An Breitbrunn, das auf einer Anhöhe liegt, fahren wir vorbei. Nach einer angenehm schattigen Waldstrecke erreichen wir das umtriebige Gstadt. Der Ortsname rührt von seiner Lage »am Gestade« her. Von hier aus starten die Wassertaxis und Dampfer der Seenschifffahrt zur Fraueninsel. In zehn Minuten ist man drüben. Zur Rast lädt in Gstadt unter anderem das Café Inselblick mit Seeterrasse.

Die Kanone von Urfahrn

Wie in andere Chiemsee-Orte, lockte die Anmut der Landschaft bekannte Persönlichkeiten auch nach Breitbrunn. Sie alle lernt man kennen bei einem Kulturspaziergang des Literaturportals Bayern und der Bayerischen Staatsbibliothek. Er beginnt an der katholischen Pfarrkirche St. Johannes am Ortsweiher von Breitbrunn, führt über die Seestraße, Wolfsberger Straße und Königstraße nach Urfahrn, am Seeufer entlang zur Aischinger Höhe und zurück zum Ausgangspunkt. In der Linzinger Mühle wohnte die Musikpädagogin Gunild Keetman (1904 bis 1990). Der Komponist Carl Orff gab mit ihr zusammen von 1950 bis 1954 eine fünfbändige Neufassung seines »Schulwerks« heraus. Es wurde in viele Sprachen übersetzt und wird in vielen Ländern der Welt gelehrt. Es dient dazu, Kinder durch spielerisches Tanzen, Singen und Musizieren zum Improvisieren anzuregen und ihre Kreativität zu fördern.

Als erster Schriftsteller kam Hans Leip in die Wolfsberger Straße. 1915 schrieb er das Gedicht »Lili Marleen«, 1937 nahm er es in den Gedichtband »Die kleine Hafenorgel« auf. In der Vertonung von Norbert Schultze, interpretiert von der Sängerin Lale Andersen und verbreitet vom Soldatensender Belgrad, erlangte das Lied im Zweiten Weltkrieg eine ungemein große Popularität, nicht nur bei den Soldaten der deutschen Wehrmacht. Nach dem Krieg folgten Leip Mitglieder der Gruppe 47, darunter Horst Mönnich (1918 bis 2014), Ilse Aichinger (1921 bis 2016) und Günter Eich (1907 bis 1972). In den 1970er-Jahren erkor sich ein Künstlerkreis aus Film und Funk Breitbrunn zum Wohnort, darunter der Entertainer Lou van Burg (1917 bis 1986) und seine Partnerin Angèle Durand (1925 bis 2001). Der Vater von Ralph Siegel beeindruckte die Einheimischen mit seinen Cadillacs, der Schauspieler Robert Atzorn lernte seine Rollen in einem Bauwagen.

Von ganz anderem Kaliber war dagegen der Arzt und Schriftsteller Felix Schlagintweit (1868 bis 1950) – im wahrsten Sinne des Wortes. Vom Münchner Armeemuseum hatte der Lebenskünstler ein altes Feldgeschütz aus dem Jahr 1881 erstanden, ein Hinterlader, Kaliber 90 Millimeter. Die Kanone stellte er in seinem Garten auf. Waren Freunde zu Gast oder fuhr ein Schiff vorbei, wurde kräftig geballert. Das ganze Schwarzpulver des Priener Büchsenmachers soll er hinter seine Holzkugeln gestopft haben. In München und Erlangen hatte Schlagintweit Medizin studiert und sich auf die Urologie spezialisiert. Durch Studien an anderen Universitäten bildete er sich zu einer Kapazität auf diesem Gebiet weiter. Zu seinen berühmtesten Patienten gehörte 1898 in Bad Brückenau kurz vor ihrer Ermordung die Kaiserin Elisabeth von Österreich.

»Nebenbei« war Felix Schlagintweit Künstler. Er verfasste Musikliteratur und arbeitete 1906 in Salzburg als Theaterregisseur. Sein bekanntestes Werk ist »Ein verliebtes Leben«, das 1943 in München erschien. Darin erzählt er von den Schönen Künsten und den Künstlern Münchens um die Jahrhundertwende. »Edle Menschlichkeit, beschwingte Lebensfreude und eine leuchtende Sprache zeichnen das Werk aus, von dem eine frische, würzige und völlig unvergiftete Atmosphäre ausstrahlt«, schrieb ein Kritiker.

Bayerns und Münchens schönste Zeit wird hier noch einmal beschworen. Felix Schlagintweit erzählt aus unmittelbarer Lebensnähe und mit der Weisheit eines junggebliebenen Herzens; seine Erinnerungen schmückt er mit heiteren Anekdoten über berühmte Künstler und schöne Frauen. Er singt ein hohes Lied auf die Liebe und »scheut sich nicht, seine eigenen Dummheiten ebenso freimütig preiszugeben wie die seiner Freunde«, heißt es in einer Beschreibung bei Amazon. Als im Zweiten Weltkrieg sein Münchner Haus und seine Arbeitsstätte durch Bomben in Schutt und Asche sinken, zieht Schlagintweit ganz an den Chiemsee. Das Bäckengut in Urfahrn hatte er bereits 1905 erworben und als Sommersitz genutzt. Sein Grab befindet sich auf Frauenchiemsee im kleinen öffentlichen Teil des Friedhofs bei der Klosterkirche. In seinem Urfahrner Haus lebt heute der ehemalige Chef eines großen bayerischen Automobilherstellers.

Den Panoramablick von der Aischinger Höhe verewigten Maler wie Wilhelm Boshart (1815–1878), Alfred Zimmermann (1854–1910), Heinrich Heidner (1876–1974) und Willibald Demmel (1914–1989). Sie bauten sich hier auch ihre Villen.

Weitere Informationen: www.literaturportal-bayern.de

Heimatforscher mit Leib und Seele

Ein Spaziergang mit Franz Burghardt ist wie eine Zeitreise durch die Geschichte von Breitbrunn und die Inseln – Bereits in der Jungsteinzeit war der Ort gefragt

Rund um den Chiemsee werkelt überwiegend im Verborgenen eine kleine Gruppe engagierter Menschen. Aus Liebe zu ihrer Heimat erforschen sie die Geschichte vor der Haustür, um sie für die Dorfgemeinschaft, aber auch für interessierte Urlaubsgäste, zu erhalten. Dass sie dabei – ohne Bezahlung – viele Stunden opfern und keine Mühen scheuen, spielt für sie keine Rolle. Zu diesen Heimatforschern zählt Franz Burghardt, Jahrgang 1940, Heimatpfleger aus Breitbrunn. Ein mehrstündiger Spaziergang mit dem früheren Flussmeister am Wasserwirtschaftsamt Rosenheim wird zur – streng chronologischen – Zeitreise durch die Vergangenheit des Ortes und der Inseln. Denn »Chiemsee«, so der Sammelname für die Fraueninsel, die Herreninsel und die Krautinsel, Bayerns zweitkleinste Gemeinde, gehört ebenso wie Gstadt zur Verwaltungsgemeinschaft Breitbrunn. Wenn der Ort auch nicht direkt am See liegt, verfügt er damit über den längsten Uferbereich aller Ufer-Gemeinden. Dazu zählt der »Inselsee« im Nordwesten mit den Halbinseln Urfahrn und Sassau. Zwischen die Landzungen schmiegen sich die idyllischen Buchten von Kailbach und Mühln.

20 000 Jahre v. Chr. schiebt der Chiemseegletscher Geröll ins Voralpenland und modelliert die Hügellandschaft rund um den See. 8000 Jahre später, nach dem Ende der Eiszeit, wachsen die ersten Pflanzen. In einer Kiesgrube, dort, wo heute das Rathaus steht, finden Archäologen schließlich in unseren Tagen eine Steinaxt, Pfeilspitzen, einen tönernen Löffel und Scherben einer Fußschale. Die Stücke stammen aus der Jungsteinzeit, 4200 bis 3800 v. Chr. »Wir sind der älteste Ort am

Chiemsee«, sagt Franz Burghardt stolz. Die Fundstücke sind der »Münchshöfener Kultur« zuzuordnen und in Vitrinen im Rathaus zu besichtigen. Bereits damals waren die Steilufer zum See ein idealer Siedlungsplatz. Die Ur-Breitbrunner lebten vom Fischfang. Der war wesentlich einfacher zu bewerkstelligen als etwa die mühselige Hirschjagd.

Vom 2. bis 4. Jahrhundert n. Chr. saßen die Römer auf den Hügeln. In Unterkitzing nahe Breitbrunn fand man eine römische Villa mit Badehaus. Der repräsentative Porticus-Bau dürfte einer höhergestellten Persönlichkeit gehört haben. Weil rund um den See weitere Relikte aus der Römerzeit anzutreffen sind, hat man beschlossen, sie zu einer »Römerregion Chiemsee« zusammenzufassen. Elf Gemeinden beteiligen sich

Der Breitbrunner Heimatpfleger Franz Burghardt zeigt die Stelle, von der aus König Ludwig II. zur Herreninsel übersetzte.

unter der Federführung von Bernau an dem Projekt. Info-Tafeln sollen einen Blick in die Vergangenheit gewähren. In Breitbrunn geht es beispielsweise um das Thema »Selbstversorger-Wirtschaft auf einem römischen Landgut«. Ein römischer Gutshof, der einst nahe dem Ortsteil Unterkitzing stand, soll für Besucher wieder sichtbar gemacht werden. Eine Ausstellung von Exponaten zur römischen Landwirtschaft in der Tourist-Info soll die Station ergänzen.

Auf einer Erhebung über dem Dorfweiher beherrscht die barocke Pfarrkirche St. Johannes aus dem Jahr 1899 das Ortsbild von Breitbrunn. Baumaterial und Inneneinrichtung ihrer Kirche haben die offenbar preisbewussten Breitbrunner sozusagen »second hand« besorgt. Es hatte sich damals eigens ein Kirchenbauverein gegründet. »Die Steine für das Fundament stammen aus einem Nagelfluh-Steinbruch auf der Herreninsel. Sie waren von den unter König Ludwig II. nicht mehr fertiggestellten Seitenflügeln des Schlosses übrig geblieben und lagen herum«, erzählt Burghardt. 1896 herrschte ein strenger Winter, der den See zufrieren ließ. Auf Schlitten transportierte man die Steine übers Eis. In der Rekordzeit von sieben Monaten war der Kirchenbau fertig gestellt. Von der etwas kleineren Kirche, die abgebrochen wurde, behielt man den Kirchturm, den der Probst vom Kloster Herrenchiemsee, Sebastian Danner, 1778 hatte neu errichten lassen. Weil kein Geld mehr da war und sich alle an seinen Anblick gewöhnt hatten, verzichtete man auf die geplante Erhöhung des Turmes. Hochaltar, Seitenaltar und Kanzel erstand man bei einem Antiquitätenhändler. Sie stammten aus einem Kirchenabbruch im niederbayerischen Otzing bei Plattling. Die vielen bewegten Engel auf den Altären hat der Straubinger Bildhauer Franz Mozart (1681 bis 1732) geschaffen, ein Großonkel des berühmten Komponisten. Nach Meinung der Fachleute zählt die Marmormalerei an den Altären zu den schönsten im süddeutschen Raum. »Wir sind stolz, dass wir sie haben.« Empfehlenswert ist auch ein Blick in die Taufkapelle. Dort steht der aus sieben verschiedenen Marmorarten gefertigte Hauptaltar der Vorgänger-Kirche. Und der Taufstein der ehemaligen Domstiftskirche von Herrenchiemsee, gefertigt im Jahre 1678. Die Altarbilder und der Kreuzweg stammen von Julius Frank, den der Architekt des Schlosses Herrenchiemsee, Georg von Dollmann, auch für Malereien im Schloss engagierte.

Das Gotteshaus von Breitbrunn gehörte als Filialkirche zur Klosterpfarrei Herrenchiemsee. Erst nach Auflösung des Klosters 1803 im Zuge der Säkularisation wurde Breitbrunn 1806 Pfarrsitz. Die Domstiftskirche auf Herrenchiemsee wurde versteigert und 1831 zur Brauerei umgebaut. Dabei holte man die Gebeine der Chorherren aus ihrer Gruft und verscharrte sie »nachlässig« auf der Südseite der Inselkirche St. Maria. Auf Ersuchen des Passauer Bischofs Heinrich von Hofstätter holten die Breitbrunner 1848 »zwei Särge voll mit Knochen« über den See und gaben ihnen an der Außenseite der Kirche eine würdige Ruhestätte. Wegen der Kirchenvergrößerung 1899 ergab es sich, dass die Gebeine der Chorherren nun im Inneren ihrer Pfarrkirche links neben dem Eingang ruhen. Die in der Wand eingelassene tonnenschwere Grabplatte des Chiemsee-Bischofs Ludwig Ebner (1495 bis 1502), die 1891 im See entdeckt wurde, schenkte die königliche Güteradministration auf Herrenchiemsee der Pfarrei Breitbrunn als Gedenkstein. Kleinere Marmorplatten, die nicht als Baumaterial taugten, holten sich die Bauern und ließen sie zur Zierde in die Stirnseiten ihrer Höfe ein, zu besichtigen in einem Hof an der Königstraße. Die Kirchenfenster wurden in einer Münchner Manufaktur 1851 hergestellt, die auch Fenster für den Kölner Dom fertigte. Wegen des Zweiten Vatikanischen Konzils hat man sie herausgenommen, deponiert und erst in den 1980er-Jahren den künstlerischen Wert erkannt, sie daraufhin restauriert und in Erfurt ausgestellt. Jetzt zieren die schönen Glasfenster wieder die Kirche.

1889 erbaute der Maler und Vergolder Josef Thalhauser neben dem Weiher unterhalb der Dorfkirche auf seinem eigenen Grundstück »zu Ehren der Mutter Gottes und für alle Verehrer Mariens« eine Lourdes-Kapelle. Unter dem Eindruck der Marienerscheinung im französischen Ort Lourdes von 1858 wurden sie vielerorts nachgeahmt, so das Literaturportal Bayern. In ihr befindet sich ein bewegtes Bild aus Blech. Macht ein Marien-Verehrer die Tür auf, setzt er einen Mechanismus in Gang: Jesus geht auf seine Mutter Maria zu und gibt ihr die Hand. Die sanierte Kapelle ist immer geöffnet. Zu einem bayerischen Ortskern gehört neben Kirche und Maibaum ein ordentliches Gasthaus. In Breitbrunn ist das der altehrwürdige Gasthof zur Post, der neben einer guten Küche auch einen schönen Biergarten hat.

Zur Abrundung des historischen Spaziergangs bietet Franz Burghardt noch ein besonderes Schmankerl: Den malerischen Höhenweg, der teilweise dem erwähnten »Kulturspaziergang« entspricht. Er beginnt an der Pfarrkirche und führt nach Süden über Plötzing, Weingarten und Aisching zurück zum Ausgangspunkt. Es gibt wohl wenige Plätze mit einem lohnenderen Ausblick auf See, Fraueninsel und Berge als diesen. Bei klarem Wetter reicht der Blick bis zum Schafberg im Salzkammergut und nach Salzburg hin, zum Watzmann und bis hinüber zu den Tegernseer Bergen. Ganz nach Belieben lässt sich der Spaziergang auch bis nach Gstadt ausdehnen.

Von der Spitze der Halbinsel Urfahrn ließ sich weiland König Ludwig II. hinüber zur Herreninsel rudern. Ein Denkmal erinnert daran. Gleich daneben verbirgt sich hinter hohen Hecken eine alte, gelb gestrichene Villa. Hier wohnte einst der legendäre Hofrat Schlagintweit, erzählt Franz Burghardt, aber das ist wieder eine andere der vielen Geschichten des Heimatforschers mit Leib und Seele.

Weitere Informationen: www.breitbrunn.com

Zauberer mit der Kamera

Wie kaum einem anderen gelingt es Filmemacher Gogol Lobmayr, die Naturschönheiten dieser Erde in wunderbaren Bildern bei entspannender Musik für sein Publikum zu zelebrieren

Wer Gogol Lobmayr trifft, dreht sofort ein paar Touren schneller. Seine Dynamik steckt an. Als wir uns im Münchner Verlagsbüro zum Interview sehen, ist der Wagen längst im Hof geparkt und statt des angedachten Mittagessens eine Wurstsemmel vom Metzger nebenan gekauft. Er packt auch mit an, wenn es sein muss. Etwa in der Kulturfabrik »Nuts« in Traunstein. Eine Film- und Konzertperformance mit Eva Norel steht auf dem Programm. Gogol hängt selbst die Scheinwerfer an die Decke. Und fällt dabei von der Leiter. Resultat ist ein verstauchter Fuß. Das hält ihn nicht davon ab, am Veranstaltungsabend mit dickem Verband herum zu humpeln und Freunde zu begrüßen. Kaum zu glauben, dass dieser wieselige Macher mit der Igel-Frisur einer der renommiertesten deutschen Naturfilmer ist. In 28 Jahren rastloser Arbeit hat er einen Berg von Filmrollen über die Naturschönheiten dieser Erde gedreht. Mittlerweile besitzt er das größte private Filmarchiv Europas auf Super 35 Millimeter. Wer ihn reden hört, weiß gleich: Gogol Lobmayr ist ein waschechter Bayer. Trotz des ausgefallenen Vornamens. Zu dem kam der gebürtige Laufener, Jahrgang 1950, weil seine Mutter ein Faible für den russischen Romancier Nicolai Gogol hat. Das Abitur macht er im Landschulheim Ising am Chiemsee, danach studiert Gogol in München Architektur. Nach dem Abschluss steigt er ins väterliche Baugeschäft ein. Dort hält es ihn aber nur eineinhalb Jahre. Er geht zurück nach München und wird Kamera-Assistent beim Bayerischen Fernsehen. Die Bavaria-Filmgesellschaft engagiert ihn als Aufnahmeleiter. Er werkelt sich hoch bis zum Produktionsleiter. 1982 gründet der Qualitäts-Freak seine eigene Firma. Bei seiner Arbeit muss alles bis ins Detail passen. Sein Sujet findet Gogol Lobmayr in einem Buchladen. Da lagen jede Menge Bücher über schöne Pflanzen und so weiter herum, aber nicht über Landschaften. »Wieso«, kam ihm die Idee, »macht keiner einen Film über die schönsten Landschaften dieser Erde?« Die Natur, findet der gelernte Architekt, sei doch der bessere Baumeister. Gesagt, getan. Seine 16-Millimeter-Filme über die USA, Kanada, Russland, Marokko und die Türkei werden ein Erfolg. Sie laufen in den Amerika-Häusern, dann im Fernsehen. Gogol hat Glück. Gerade beginnt das Video-Zeitalter. Er kopiert seine Filme auf Video und verkauft sie.

Doch die Qualität sagt ihm nicht zu. Bei Arri (Arnold & Richter) in München kauft er eine gebrauchte 35-Millimeter-Kamera. Mit der lassen sich Kino-Filme im Großformat drehen. Acht Monate lang zieht der Bayer durch die Nationalparks der USA, von Küste zu Küste. In vier Jahren hat er 25 Landschaften weltweit im Kasten. Er filmt auch Tiere, wenn sie ihm vor die Linse kommen. Die Filmmusik schreibt der Komponist Michael Hofmann de Boer (Rosenheim-Cops, Traumhotel). Zwei Tage lang spielt sie das Sinfonie-Orchester des Mitteldeutschen Rundfunks unter der Leitung des indischen Dirigenten Daniel Nazareth in der Leipziger Bethanienkirche ein. Der Streifen wird Mitte der 1990er-Jahre der erfolgreichste Kino-Dokumentarfilm Deutschlands. Nur unterlegt von entspannender Musik. »Kommentare lenken nur ab«, lautet Gogols Credo. Der Zuschauer muss deshalb sehr aufmerksam den Begleittext im Buch zum Film lesen, will er wissen, wo denn nun diese Wunderwelten zu finden sind. Lobmayr betrachtet damals sein Natur-Werk als abgeschlossen. Doch die Freunde sagen: »Du hast noch so viel Material. Warum drehst Du nicht einen zweiten Film?« So macht er einen zweiten und einen dritten. »Faszination Natur«, nennt er die Trilogie aus »Die schönsten Landschaften der Erde«, »Farben der Erde« und die »Sieben Jahreszeiten«. Denn in anderen Breitengraden haben sie neben unseren vier Jahreszeiten noch die Trockenzeit, die Sturmzeit und die Regenzeit.

Künstler wie der Amerikaner Andrew Spence, Jazzer Klaus Doldinger, Sänger Haddaway (»What is love«) und Eddie B.

Rastlos auf der Suche nach der besten Einstellung:
Der Gstadter Filmemacher Gogol Lobmayr, hier in Hongkong.

Greene, Background-Sänger von Elton John, sorgen für den richtigen Ton. Mal geheimnisvoll orientalisch, mal orchestral, mal poppig. Und natürlich die Entertainerin Eva Norel. Was dabei herauskommt, liest sich bei Amazon so: »Faszination Natur. Tiere in endloser Weite. Bizarre Felstürme. Sanft geschwungene Sanddünen. Tosende Wasser. Zerbrechliche Korallen. Silberblaue Eisberge. Atemberaubende Bilder offenbaren uns diese Schönheiten. Mehr noch: Sie lassen uns Stimmungen der Natur miterleben. Energiegeladene Atmosphäre. Die Urgewalt der Elemente. Hinreißende Sonnenuntergänge. Leben in Harmonie mit unberührter Natur. Kein Kommentar unterbricht den Zauber. Allein phantastische Musik und Naturgeräusche umrahmen die stimmungsvollen Bilder. So entstand ein Gesamtkunstwerk, eine berauschende Sinfonie aus Licht, Farbe und einfühlsamen Klängen. Ein Erlebnis für die Sinne.«

Um diese Wirkung auf das Publikum zu erzielen, betreibt der Filmemacher hinter den Kulissen einen enormen technischen Aufwand. Nicht nur, dass er auf die Super 35 Millimeter-Arriflex-Kamera umsteigt. Zubehör schraubt der Tüftler nach eigenen Ideen zusammen. Der Kamerakran zum Beispiel besteht nur aus einem dünnen Rohr. So dünn, dass sie bei Arri nicht glaubten, dass die 200 000-Euro-Kamera auch sicher hängt. »Der spinnt, der Lobmayr«, hieß es einhellig. Die Kamera steuert er mit einem Joystick, das Bild wird auf eine Videobrille übertragen, die er vor den Augen trägt. Gogols Spezialität sind Aufnahmen mit Zeitraffer, die scheinbar atemberaubende Zoomfahrten möglich machen. Am Lake Powell in den USA gilt es zum Beispiel, eine 30 Meter hohe und vom Regen ausgewaschene Sandstein-Barriere, den Antilope Canyon, ins rechte Bild zu setzen.

Die Lösung kommt ihm sozusagen im Schlaf. Im örtlichen Baumarkt ersteht er drei lange Kanthölzer und ein Seil. Dazu das Rad eines Fahrrads ohne Reifen, und fertig ist der Aufzug, in dem seine Leute ihn und die Kamera in den Canyon hinunterlassen und wieder hinaufwinden. »Wie hat er das nur wieder gemacht?«, rätseln später die Experten. Das bereitet Gogol Lobmayr diebisches Vergnügen. Einmal muss er sogar von einem Einbaum gerettet werden. Wenn er auf Reisen geht, bräuchte er für seine komplette Ausrüstung etwa 23 große Kisten. Auch hier hat sich der Tausendsassa zu helfen gewusst. Bei einem Sport-Ausrüster orderte er drei reißfeste Rucksäcke und ließ sich von einer Spezialfirma Einlagen aus festem Schaumstoff fabrizieren. Dazu noch ein Stativköcher und zwei Koffer für 50 Negativfilm-Rollen, und fertig ist die Ausrüstung. Sie wiegt nur noch 220 kg. So beladen, geht es mit einem meist drei- bis vierköpfigen Team auf Reisen. »Oft ist es eine wahnsinnige Schlepperei.« Aber alle Mühen und hohen Kosten sind vergessen, wenn auch noch das Wetter passt und er ruft: »Und Action!«.

Seit es Handys gibt, vermittelt er seine Filme vom Wohnort Gstadt aus. Oder beim Skifahren. Wenn ihn jemand anruft und eine bestimmte Szene braucht, hilft Gogol Lobmayr sofort weiter. Er hat sie alle im Kopf. Einer seiner großen Träume ist ein Film über Bayern »mit Herz«. Aber nicht von ihm, sondern von bayerischen Schülern. Gogol stellt sich vor, dass sie in Dreier- oder Vierer-Teams mit Video-Kameras filmen und sich einem Wettbewerb stellen. Der Sieger darf dann den Film mit der Super-35-Millimeter-Kamera nachdrehen. Das Ganze soll Schülern die Berufswahl erleichtern. Die noch nicht wissen, ob sie Regisseur, Kameramann oder Produktionsassistent werden wollen. Viele Fliegen ließen sich so mit einer Klappe schlagen: Den Schülern wäre geholfen, Arri würde die Filme entwickeln und digital abtasten, das Geld bliebe in Bayern. Aber Geld ist auch das Problem. Mangels Sponsoren ruht das Projekt derzeit.

Längst hat Gogol Lobmayr seine Wurstsemmel verzehrt und ist wieder weg. Zeit ist eben kostbar.

Weitere Informationen: www.fascinatingnature.com

Die Freizeit-Flotte auf dem Chiemsee

Am Chiemsee sind nach Angaben des Landratsamts Traunstein 6338 Boote zugelassen (Stand: 30. September 2020). Vor zehn Jahren waren es noch 4869 Boote. Davon sind 3740 Segelboote (3315) und 346 (309) Motorboote. Sie dienen als Sicherungsboote bei Regatten, gehören Wasserwacht, DLRG, Fischern und jenen Privilegierten, die ihren Hauptwohnsitz auf einer der Inseln haben. Dazu kommen 2047 (1044) Elektroboote, 121 (113) Tretboote und 84 (88) Ruderboote, außerdem noch kleinere Segelboote, die nicht zulassungspflichtig sind.

Motorboote für Privatleute sind verboten. Liegeplätze sind zwar nach wie vor Mangelware, aber mit etwas Geduld wird man durchaus fündig. Wobei ein Hafen- oder Bojenliegeplatz teurer ist als einer an Land. Übers Jahr wehen meist laue Winde. Der Föhn beschert Seglern auf dem Chiemsee aber manchmal Wind, während sie auf anderen bayerischen Seen in der Flaute dümpeln. Starke Gewitter mahnen zur Vorsicht. Blinken die Sturmwarnleuchten rund um den See 40 Mal in der Minute, bedeutet das: »Vorsicht! Es besteht die Gefahr von Starkwind innerhalb der nächsten Stunde.« 90 Blitze bedeuten akute Sturmwarnung mit Windstärken über acht Beaufort. Bei Gewitter und schlechter Sicht dürfen nur Segelboote mit Ballastkiel und Teilnehmer an Regatten auf dem See bleiben. Alle anderen Wassersportler sollten sich schleunigst in Sicherheit bringen. Im See lauern Untiefen wie die »Schützinger Klippen«, die auf speziellen Seekarten ersichtlich sind.

Weitere Informationen: www.chiemsee-segeln.de

Philosoph und Bootsverleiher

Obwohl es Jakob Grünäugl mit seinem »Rentnerjob« etwas ruhiger angehen lässt, sind die Chiemsee-Plätten aus seiner Werft unter Seglern nach wie vor ein Begriff

Sein Markenzeichen war der Stumpen. Lässig hing er in einem Mundwinkel und wartete darauf, wieder angezündet zu werden. Ob Jakob Grünäugl ein Elektroboot startklar machte, einem jungen Paar ins Ruderboot half, den Blick hinaus auf den See schweifen ließ oder einen Schwatz mit Feriengästen hielt – der Stumpen gehörte stets dazu. Mittlerweile hat er das Rauchen aufgehört. Kaum einer weiß aber, dass er den Chef persönlich vor sich hat, wenn er bei dem braungebrannten Mann mit dem weißen Seefahrerbart ein Boot mietet. Jenen Bootsbauer Jakob Grünäugl, dessen Name in wunderbaren klassischen Holzbooten, den Chiemseeplätten, für Qualität und Herkunft bürgt. Gleichwohl lässt er es sich nicht nehmen, den Bootsverleih selbst zu besorgen. Die Bank direkt am Ufer vor dem gleichnamigen Gästehaus, das sein Sohn Marcus Grünäugl mit Familie führt, bildet seine Kommandobrücke. Hier kann er das Treiben draußen auf dem See genauso gut verfolgen wie das an Land. Und es etwas ruhiger angehen lassen. Einen Schwatz hier halten und einen da. »Der Bootsverleih ist ein Rentner-Job«, sagt Jakob Grünäugl, Jahrgang 1948. Er untertreibt etwas, wie es so seine Art ist. Immerhin ist er von morgens halb neun Uhr bis abends sieben Uhr auf den Beinen. Das Ein- und Auskranen von bis zu 80 Schiffen im Frühjahr und Herbst überlässt er nach einem Schlaganfall und einer größeren OP aber komplett dem Sohn.

Auch den Bootsbau hat inzwischen Sohn Marcus übernommen, eines von vier Kindern. Seit die Schiffe immer dicker wurden, weil sie als schwimmende Wochenendhäuschen dienen, bot die Werfthalle neben dem Steg, an dem die Wassertaxis zur Fraueninsel an- und ablegen, immer weniger Platz. Ende der 1980er-

Jakob Grünäugl beim Verleihen eines Bootes. Den Stumpen spart er sich mittlerweile.

Jahre siedelten sie die Bootswerft, die Grünäugls Vater 1934 gegründet hatte, an den Ortsrand aus. Marcus Grünäugl führt fast nur noch Reparaturen aus. »Die Häuslschiffe sind unser tägliches Brot.« Neubauten sind selten geworden. Am Chiemsee gebe es nicht so viele Holzboote wie am Starnberger See, wo die Leute etwas reicher seien, meint der Senior und feixt. 2008 haben noch zwei nagelneue Plätten die Bootswerft Grünäugl verlassen, früher waren es in einem Winter fünf Stück. Nicht mehr gebaut wird der »Schratz«, ein zweites typisches Chiemsee-Schiff. Die Jolle ist aber gelegentlich bei Traditionsregatten zu bewundern, bei denen noch bis zu zwölf Schratze gezählt werden.

Einst war die Plätte ein Fischerboot und ist es bis heute geblieben. Die Kunstmaler auf der Fraueninsel hatten entdeckt, dass der flache Kahn auch zum Segeln taugt. Wilhelm Leibl und Karl Raupp segelten 1875 in Jollen, die sie mit Ziegelsteinen beschwerten. Ihre einfache Konstruktion machte die Plätte beliebt: Der Rumpf besteht lediglich aus der Bodenplatte, zwei Bordwänden und dem Heckspiegel. Die Bauzeit beträgt vier bis fünf Wochen. Grünäugl, der das Bootsbauhandwerk von Grund auf gelernt hat, bietet sie in massiv Holz an, entweder Mahagoni geklinkert oder Gabun Karwel. Leichtbauten bestehen aus Zeder. Die hohe handwerkliche Qualität führt dazu, dass Plätten ihre Eigner überleben und wieder bei Grünäugl landen. »Die Plätten sind wie ein Bumerang. Sie kommen immer wieder zurück.« 6,30 Meter lang und 1,40 Meter breit, eignet sich die Plätte auch als reines Ruderboot. Ein Segel (zehn Quadratmeter Fläche, Luggertakelung mit Rah) und ein Steckschwert aus Eisen machen sie zum Segelboot. Seit 1935 ein einheitlicher Riss festgelegt wurde, begann ihre Karriere als Regattaboot. Sie kam wieder aus der Mode, erlebte aber in den 1980er-Jahren eine Renaissance, als traditionelle Holzboote wieder en vogue wurden. Zur »Lindencup-Regina«-Regatta hatte der Wassersportverein Fraueninsel 2009 immerhin 70 Plätten am Start.

Jakob Grünäugl sieht die Dinge etwas nüchterner. Der Stellenwert des Segelns sei zurückgegangen. Die Älteren hörten auf, die Jungen kämen nicht in dem Maß nach. Vor 20 Jahren waren bei der 24-Stunden-Regatta noch 200 Schiffe am Start, inzwischen finde sie mangels Beteiligung gar nicht mehr statt. Auch das Geld spiele eine Rolle. Eine Grünäugl-Plätte kostet um die 10 000 Euro. »Was unterm Strich zum Verjuxen bleibt, ist weniger geworden.« Die Leute sparten am Sport. Gleichzeitig hätten andere Sportarten zugenommen: Skifahren, Golfen, Radlfahren... »Irgendetwas bleibt dann immer auf der Strecke.« Zweites Standbein ist die Pension. Sie hat 40 Betten. Das Geschäft gehe gut. Die Gäste reisen von überall her an, aus den neuen Bundesländern, Baden-Württemberg, Nordrhein-Westfalen und Norddeutschland. Früher waren es Ehepaare mit ihren Kindern, heute kämen die Kinder mit dem eigenen Nachwuchs wieder.

Wenn Jakob Grünäugl so auf seiner Bank sitzt und auf Kundschaft wartet, bleibt genug Zeit zum Sinnieren. »I mag einfach unseren See. Jeden Tag hat er eine andere Stimmung. Man darf nicht verlernen, das zu sehen«, philosophiert er. Den Stumpen verkneift er sich.

Weitere Informationen: www.bootsbau-bayern.de

Eine Idylle im Wandel

Der Fischer und frühere Inselbürgermeister Holmer Lex erzählt vom harten, aber auch schönen Leben der Insulaner und blickt mit Sorge in die Zukunft

Rund um den Chiemsee gehen 16 Berufsfischer ihrem Handwerk nach. Vor 100 Jahren waren es nicht viel mehr, nämlich 18. Sechs leben auf der Fraueninsel, ehedem waren es neun. Einer von ihnen ist Holmer Lex. Jeder Fischer hat das Fischereirecht vom Staat gepachtet. Normalerweise jammern die Fischer an den bayerischen Seen über magere Fänge. Nicht so Holmer Lex. Zwar habe es eine Durststrecke gegeben, als von 1990 an die Abwässer in den neuen Ringkanal flossen und nicht mehr ungenügend geklärt in den See. Die Phosphate im Abwasser ließen das Plankton wachsen. Das ist wiederum die nahezu einzige Nahrung der Renken, »Brotfisch« der Berufsfischer am See. »Es muss aber noch andere Faktoren geben«, überlegt Lex, »denn seit einigen Jahren fangen wir wieder sehr gut.« Er vermutet, dass sich auch das Wasser verändert hat. Aber Schwankungen habe es immer gegeben. Tatsache ist, dass die Renken nicht mehr so schnell wachsen, aber das sei nicht so schlimm. »Hauptsache ist, dass genügend im See sind.«

Seit Alters her kommen Brachsen auf den Teller. Geräuchert schmecken sie besonders gut. Eine spezielle Schneidemaschine produziert Filets ohne Gräten. Auch der Aal geht gut. 1895 sind die ersten eingesetzt worden, von einem nennenswerten Bestand könne man aber erst von 1949 an sprechen. Nun laicht der Aal aber nicht im Süßwasser, sondern in der Tausende Kilometer entfernten Sargassosee nahe den Bahamas. Lex glaubt aber nicht, dass dies auch für die Chiemsee-Aale zutrifft, denn über Alz, Inn und Donau bestehe nur eine Verbindung zum Schwarzen Meer. Die Jungaale gelangen wiederum mit dem Golfstrom an die Atlantikküste von Irland über Holland und Frankreich bis hinunter nach Portugal. Sie steigen in den Flüssen auf, um dort groß zu werden. Die Fischer an den Flussmündungen wissen genau, wann die Glasaale ankommen, bei Neumond, und fischen sie ab. Den Fang verkaufen sie an die Berufskollegen an den Binnenseen. Es ist ein lohnendes Geschäft. Haben die Binnenfischer in den 1990er-Jahren für das Kilo noch 100 Mark hingelegt, so schnellte der Preis 2007 auf 1000 Euro hinauf. Chinesen und Japaner hätten Glasaale zu jedem Preis gekauft. Seitdem habe der Schwarzhandel enorm zugenommen. Tonnenweise würden die Aale zu horrenden Preisen nach China verschoben. 20 bis 40 Kilo Glasaale kauft die Fischereigenossenschaft jedes Jahr für den gesamten Chiemsee.

Die Genossenschaft schreibt auch die Maschenweite der Netze genau vor. Sie lässt sich dabei von den Fachleuten des Bezirks Oberbayern sowie der Landesanstalt für Fischerei in Starnberg beraten. Wie bei Bäumen anhand der Jahresringe, kann man das Alter eines Fischs an den Schuppen feststellen. Je länger er ist, desto größer das Gewicht, um so älter ist der Fisch. Die Jungfische kommen im Januar zur Welt und sind mit dreieinhalb Jahren fortpflanzungsfähig. Die Chiemsee-Fischer unterhalten eine eigene Brutanlage in Harras bei Prien, um die Brut aufzupäppeln und erst in den See zu entlassen, wenn dieser genügend Nahrung bietet. 40 bis 50 Millionen Renkenbrut fallen pro Jahr an. In speziellen Futterkäfigen wird ein Teil der jungen Fische gefüttert und geschützt vor Räubern, damit sie nicht selbst zum Futter werden. Zum Beispiel für den Aal und andere Raubfische. Die Fischer achten aber auf das Gleichgewicht, sagt Holmer Lex. Setzlinge von Zander, Hecht und Seeforelle lassen sie sich 50 000 Euro im Jahr kosten. In den vergangenen Jahren waren sie mit den Ergebnissen zufrieden.

Die Fischer auf der Fraueninsel leben von der Fischerei. In den letzten zehn Jahren haben sie die Selbstvermarktung forciert. »Das haben sie schon früher gemacht, das weiß ich von meinem

Harte Arbeit war in früheren Jahren die Fischerei auf dem Chiemsee. Die Boote mussten gerudert werden, ein 200 Meter langes und acht Meter hohes Zugnetz aus Hanf war sehr schwer.

Vater und Großvater«, erzählt der Fischer in seiner ruhigen und bedächtigen Art, »aber jetzt hat jeder einen Laden und einen kleinen Biergarten.« Auch die Fischerei Lex verkauft ihre Fischsemmeln direkt an die Touristen. Das sichert die Existenz. 1857 ist Lex' Urgroßvater aus der Wasserburger Gegend auf die Fraueninsel gezogen. Noch länger ruht das Fischereirecht auf dem Anwesen. Der älteste Übergabevertrag datiert von 1771. Seit dem 18. Jahrhundert lautet der Hausname »Beim Wickelfischer«. Das ist auch in der Kirchenchronik vermerkt, denn bis zur Säkularisation 1803 gehörte alles dem Kloster der Benediktinerinnen. Sohn Thomas betreibt die Fischerei in der fünften Generation. Und Enkel Florian will sie einmal übernehmen.

Welche Plackerei das früher war, kennt er nur noch aus den Erzählungen des Opas und von Fotos. Holmer Lex verwahrt sie sorgsam in einem Album und weiß zu jedem Bild eine Geschichte. Die Netze waren aus Baumwolle und Hanf. Sie mussten jeden Tag trocknen, sonst wären sie verfault. Sie waren auch nicht so durchsichtig wie die modernen und konnten von den Fischen manchmal gesehen werden. Damals haben sie Brachsen und Hechte mit Zugnetzen gefischt. Die wurden vor dem Ufer ausgebracht und dann an einem 200 Meter langen Seil mit der Hand mittels einer Winde hereingezogen. »Das war eine schwere Arbeit.« Die Fischer von heute arbeiten mit Stellnetzen. Diese bis zu 150 Meter langen Netze hängen mehrere Meter tief unter der Wasseroberfläche wie ein Vorhang an zwei Bojen und reichen etwa vier Meter in die Tiefe. Die Fische schwimmen hinein und bleiben darin hängen.

Bis 1937 mussten die Fischer alle Strecken rudern. »Bei starkem Wind war das nicht so einfach.« Nur zu gerne rüsteten sie ihre Plätten schließlich mit einfachen Segeln aus. Im Winter verkehrten keine Schiffe so wie heute. Fror der See zu, mussten die Männer zur Versorgung der Insulaner und für Notfälle eine Rinne schlagen. Im strengen Winter von 1963 war der Chiemsee hundert Tage lang von einer geschlossenen Eisdecke bedeckt. Ruhte die Fischerei, waren andere Arbeiten zu erledigen. Für den Insel-Metzger holten sie im Winter Eis aus dem Schafwaschener Winkel, der immer zufriert, damit er seine Waren kühl halten konnte.

In der Renkenschonzeit im Herbst haben die Fischer Schilfrohr für Fabriken geschnitten. Mit Draht verbunden, diente es unter anderem als Untergrund für den Wandverputz. 1899 richtete ein Hochwasser viel Schaden an. Deshalb wurde 1904 der Wasserspiegel des Sees um 65 Zentimeter abgesenkt, indem man die Sohle der Alz ausbaggerte. Natürlich wirkt sich auch der Freizeitbetrieb auf die Fischerei aus. Aber dieses Thema mag Holmer Lex nicht weiter vertiefen. »Wir dürfen net jammern, das ist unser Geschäft.« Auf der Nordseite der Insel kriege er den Trubel auch nicht so mit.

1943 kam Holmer Lex als 14-Jähriger in die Fischerei-Lehre, mit 65 hörte er auf. Heute geht er im Winter Sohn Thomas, Jahrgang 1956, zur Hand. Früher fuhr er jeden Tag um fünf Uhr mit hinaus, im Sommer später. Heute macht er das nicht mehr. 30 Jahre lang saß Lex im neunköpfigen Gemeinderat der Insel, zwölf Jahre als Bürgermeister. Alle nennen ihn nur »Holmi«. Bei den Kommunalwahlen traten zwei Gruppierungen an, die »Klosterliste« und die parteifreie Liste »Wörth«. Zwei Klosterfrauen saßen im Gemeinderat. Bei der Kommunalwahl im Frühjahr 2020 hatte das Kloster keine eigene Liste mehr. Es gab nur noch eine gemeinsame Inselliste. Als einzige Klosterfrau kam Schwester Elisabeth, die Cellerarin, in den Gemeinderat. Der behandelt die anderswo auch üblichen Themen wie Haushalt und so weiter. Vor Jahren hat allerdings eine Frage die Insulaner entzweit: Ob die Wege auf der Insel geteert werden sollen, berichtet Schwester Magdalena, die mehr als 20 Jahre dem Gremium angehörte. Die Teer-Fraktion obsiegte schließlich. Die Lieferanten von Heizöl, Nachschub für die vielen Gasthäuser und die Feuerwehr hatten darauf hingewiesen, dass sie stabile Wege bräuchten, um direkt bis vor die Häuser fahren zu können. Bei früheren Wahlen hätten sie auch die 600 Schülerinnen zur Zahl der Wahlberechtigten gezählt, erzählt Lex feixend. Das gab dann höhere Schlüsselzuweisungen aus der Landeskasse.

Bürgermeister Armin Krämmer ist Mitglied der Freien Wählergemeinschaft. Nach 24 Jahren hatte Georg Huber (CSU) nicht mehr kandidiert. Bei der Gemeindegebietsreform blieb Frauenchiemsee selbständig, weil es eine Insel ist. Mit den gut 220 Insulanern ist sie eine der kleinsten Gemeinden Bayerns. Mit Gstadt und Breitbrunn bildet Frauenchiemsee eine Verwaltungsgemeinschaft.

Holmer Lex ist auf der Insel geboren und hat sein Leben hier verbracht. Er kann sich gar nicht vorstellen, woanders zu leben. »Die Lebensqualität ist erfreulich hoch.« Dafür nimmt er gerne die kleinen Beschwernisse in Kauf. Obwohl seine Frau aus München stammt, wolle sie auch nicht mehr weg. Der Beruf des Fischers ist eng mit der Insel verbunden, denn früher war die Berufswahl auf diesen Lebensmittelpunkt beschränkt. Es gab noch alle Handwerker, das Kloster gab ihnen Lohn und Brot. Ihre Häusl waren Lehensanwesen. Lex besitzt für den »Wickelfischer« noch einen Lehensbrief des Königreichs Bayern von 1809. Nach der Säkularisation war dieses Geben und Nehmen, das seit der Klostergründung 782 währte, vorbei. Die Handwerker waren plötzlich arbeitslos. Sie richteten eine Bittschrift an die Regierung, sie möge ihnen helfen, weil sie so arm seien. Als kleine Entschädigung erhielten die Familien Land auf der »Krautinsel« geschenkt, damit sie sich zumindest mit Gemüseanbau selbst versorgen konnten. 1855 schenkte König Max jeder Familie eine Wiese am Südufer des Chiemsees in der Rott. »Das haben wir heute noch.« Das Heu reichte, um eine Kuh zu füttern. Auch Holmers Großeltern hatten eine. Mit großen Holzkähnen, sogenannten Rennern, haben sie das Heu herübergefahren. Der Maler Joseph Wopfner hat es um 1881 in einem Gemälde festgehalten. Im Zweiten Weltkrieg haben sie das Heu noch über die Autobahn getragen. Bis 1960 hielten die Insulaner Kühe. Das war ein Zubrot. Allerdings mussten auch Mist und Jauche wieder von der Insel geschafft werden.

Holmer Lex bedauert, dass die Handwerker verschwunden sind. Schreiner und Kunstschlosser hätten aufgegeben, Metzger, Bäcker und Schuster auch. Von drei Bootsbauern ist noch einer übrig. Einst zählte die Insel noch mehr Einwohner, eine Familie hatte sechs bis acht Kinder. Den früheren Bürgermeister plagt die Sorge, dass sich die Bevölkerungsstruktur drastisch ändert. Die Berufswahl zwingt die Jungen, wegzugehen. Sie besuchen das Gymnasium, studieren und kehren der Insel den Rücken. Der Sohn des Nachbarn sei beispielsweise Ingenieur bei Siemens in Erlangen. »Der kommt nicht mehr zurück.« Irgendwann stehen dann die Häuser zum Verkauf. Es werden gute Preise erzielt, die neuerdings erst bei einer Million beginnen. Das könnten sich Einheimische nicht mehr leisten. Ein Bauherr kaufte ein Haus für 1,8 Millionen Euro und baue vier Einheiten, die er vermietet. »Wenn nur noch lauter Auswärtige da sind, haben wir nicht mehr das dörfliche Leben wie heute. Das ist sehr, sehr schade«, sagt Holmer Lex nachdenklich. Es zögen auch Familien her, die sich integrieren. »Wenn sie noch mehr werden, haben sie das Sagen.« Die Frauen der Insulaner achteten auf gepflegte Gärten, die Zweitwohnungsbesitzer würden das sicherlich nicht mehr so machen. Auch die Klosterfrauen würden immer weniger. Waren es um die vorletzte Jahrhundertwende noch hundert, ist ihre Zahl heute auf 18 geschrumpft. Lex mag gar nicht dran denken, was ist, wenn das Kloster einmal nicht mehr existiert. »Das wäre eine gravierende Veränderung.«

Weitere Informationen: www.chiemseefischerei-lex.de

Holmer Lex, Fischer und früherer Inselbürgermeister, Jahrgang 1928, fuhr früher jeden Tag mit seinem Sohn zum Fischen auf den See hinaus.

»Lebenslänglich« auf der Insel

Schwester Magdalena Schütz wirkt getreu der Ordensregel seit mehr als 60 Jahren in der Benediktinerinnen-Abtei Frauenwörth

Kinder mustern sie manchmal unverhohlen von Kopf bis Fuß, weil sie noch nie eine Nonne in vollem Habit gesehen haben, erzählt Frau Magdalena Schütz. Was im Straßenleben selten geworden ist, im Kloster auf der Fraueninsel ist es noch Gang und Gäbe. In vielfältiger Form öffnet es sich heutzutage seinen Besuchern: in Seminaren mit Übernachtung, Gottesdiensten, Führungen und dem Klosterladen. Das war nicht immer so. 1957, als Schwester Magdalena in die 1200 Jahre alte Benediktinerinnen-Abtei Frauenwörth eintrat, mussten die Frauen noch in strenger Klausur leben. Der Kontakt zur Außenwelt war lediglich über ein Gitter im Sprechzimmer erlaubt. Die Nonnen durften nicht über die Insel spazieren wie in unseren Tagen, sondern lediglich ein paar Runden im Garten drehen. Der Schleier der Tracht war geschlossen. Heute kommen die jüngeren Nonnen auch mal in Jeans und T-Shirt daher, wenn sie im Garten arbeiten. Gäste in der Chorkapelle waren früher schlicht undenkbar, Messen wurden ausschließlich auf lateinisch gelesen, die Liturgie war überfrachtet. Erst das Zweite Vatikanische Konzil (1962 bis 1965), das unter dem Zeichen der Erneuerung stand, brachte einen Wandel hin zu mehr Großzügigkeit und Aufgeschlossenheit. Die Äbtissinnen von Frauenwörth seien sehr aufgeschlossene, offene Frauen gewesen, erinnert sich Magdalena, die den spirituellen Wandel positiv mitvollzogen hat.

Es war auch höchste Zeit, denn die Klosterfrauen hatten an ihren Schulen 16- bis 19-jährigen Mädchen im Disco-Alter gerecht zu werden. Der Bildungsauftrag geht auf König Ludwig I. zurück. Als das Kloster 1803 im Zuge der Säkularisation aufgelöst worden war, blieb der Konvent erhalten. Nachdem sich kein Käufer für die Gebäude fand, durften die Nonnen bleiben. 1838 gründete Ludwig I. das Kloster neu mit der Auflage, dass die Benediktinerinnen Schulen eröffnen. Seitdem gab es auf der Fraueninsel eine allgemein- und eine berufsbildende Schule mit Internat. Die Schultypen wechselten, je nachdem was gerade »in« war. 1983 wurde das Gymnasium und 1995 schließlich die Berufsfachschule geschlossen. »Es war kein Bedarf mehr vorhanden«, erzählt Schwester Magdalena, die in ihrem Leben auch schon Lehrerin und Schulleiterin war. Dabei war es die Volksschule, die über den Kontakt mit den Eltern eine enge Verbindung zur Inselbevölkerung schuf. An Weihnachten bescherte das Kloster noch die Kinder. Als Schwester Magdalena anfing, existierte nur eine einklassige Volksschule der Jahrgangsstufen 1 mit 8. »Die haben alle was gelernt.« Auch Holmer Lex, der spätere Inselbürgermeister, ging von 1935 bis 1942 in die Klosterschule. Da waren es noch 72 Kinder.

Heute besuchen die Inselkinder die Grundschule in Breitbrunn, die Großen gehen in die Hauptschule nach Prien oder in die weiterführenden Schulen rund um den See. Ans Schifferlfahren haben sie sich von klein auf gewöhnt. Früher verkehrte von Gstadt aus sogar ein eigenes Kindergartenschiff, denn die Nonnen betrieben 30 Jahre lang einen eigenen Kindergarten. Von 1995 bis 2000 hatte er drei Gruppen: »Sonne, Mond und Sterne«. Gottseidank gebe es wieder ein paar kleine Kinder auf der Insel, die aber jetzt hinüber auf's Festland fahren.

Ein Beleg für den Wandel sind auch die Seminare und Veranstaltungen, zu denen die Abtei mit großem Erfolg Leute, die »reif für die Insel« sind, in die umgebauten ehemaligen Schulräume einlädt. Damit folgen die Benediktinerinnen immer noch dem alten königlichen Bildungsauftrag. Das Programm reicht von »Lebenshilfe aus der Benediktregel« mit Äbtissin Johanna Mayer über »Ayurvedisch Kochen« und dem Qigong-Basisseminar bis zu Tänzen aus Griechenland sowie Förderung und Regeneration für Pflegende. Viele Veranstaltungen müssen die Schwestern mangels Kapazität absagen, so groß ist der Ansturm. »Manche kommen einfach nur, weil sie auf der Insel übernachten wollen, das Thema ist ihnen egal.«

Kein Wunder, denn das Alte Gästehaus aus dem Jahr 1611 mit seinen zehn altertümlich eingerichteten Zimmern besitzt ein eigenes, unverwechselbares Flair. Wegen einer Generalsanierung ist es jedoch für längere Zeit geschlossen. Dessen Bewohner werden von der Klosterküche bekocht, während die Seminarteilnehmer beim Klosterwirt Michael Leiner essen. Die Wirtschaft gehört dem Kloster, ist aber verpachtet. Die Klosterkirche und das Kloster befinden sich übrigens, rein juristisch gesehen, im Eigentum des Freistaats Bayern. 120 Gäste kann die Abtei maximal aufnehmen. Die Einzel- und Doppelzimmer haben fast alle Dusche und Toilette. Mit Seeblick liegen die Preise pro Tag zwischen 50 und 60 Euro.

Man muss nicht unbedingt nach Indien reisen. Auch auf der Fraueninsel mitten im Chiemsee lässt sich trefflich meditieren: Schwester Magdalena Schütz.

Die Seminare bestehen meist aus Gruppen mit 10 bis 30 Personen. Auch Schwester Magdalena ist mit einem »Stillen Inseltag« vertreten. Daneben führt sie viele Gruppen – Familien anlässlich einer Festlichkeit, Betriebs- und Frauengruppen, Kirchenchöre und Jung-Rotarier. In eineinhalb Stunden zeigt sie ihnen unter anderem die agilolfingische Torhalle, erzählt die Geschichte des Klostergründers

Tassilo III. und seiner Gattin Liutpirc, einer langobardischen Königstochter. In ihrer freien Zeit unternimmt Magdalena Ausflüge in die Umgebung. »Mit dem Radl, aber nicht mit dem E-Bike.«

Im Kloster oblagen ihr bereits diverse andere Aufgaben. So hat sie mitgeholfen, den Klosterladen aufzubauen. Voller Akribie widmet sie sich der Geschichte der Abtei, sie leitet das Archiv. In früheren Zeiten lebten Klöster von ihrem Besitz. Das belegen zahlreiche Geschäftsbücher, die 1803 dem bayerischen Hauptstaatsarchiv übergeben wurden. Zugang bieten die Findbücher im Internet. Schwester Magdalena hat aber auch ein »analoges«. Die Besitzungen der Abtei reichten von Landshut und Buch am Erlbach über Ländereien im Achental, Brixental, Inntal und Ötztal. Auf Innplätten gelangten die Erzeugnisse bis nach Rosenheim. Dort wurden sie auf Wägen verladen. Ihren Wein bekamen die Klosterschwestern von eigenen Gütern in Südtirol, in Gries bei Bozen, Terlan und im Vinschgau.

Mit einem alten Schrank fing Schwester Magdalenas Aufbau des Archivs an. Mittlerweile belegt sie sechs Räume und einen Gang. Diverse Renaissance-Kästen hat sie zusammengesucht. Gefüllt sind sie mit Schriftgut, Kunst, Reliquien, alten Schul-Landkarten und Haushaltsgegenständen aus der aufgelösten klösterlichen Landwirtschaft in Mitterndorf. Der stattliche Dreiseithof liegt zwischen Gstadt und Gollenshausen direkt an der Straße zum See. Die temperamentvolle 85-Jährige kommt ins Erzählen. Zwanzig Jahre lang haben sich die Klosterschwestern den Kopf zerbrochen über eine sinnvolle Verwendung. Schließlich fand sich die »Björn-Schulz-Stiftung«. Sie übernahm den Hof, sanierte und öffnete ihn für Familien mit schwerstkranken, behinderten Kindern, um ihnen in der schönen Gegend Erholung und Therapie zu ermöglichen. 2015 wurde dieser »Irmengard-Hof« eröffnet. »Wir sind heilfroh. Das ist eine gute und sinnvolle Weiterentwicklung zum Kloster.«

Ebenso verhält es sich beim ehemaligen Jugendwohnheim in Mitterndorf. Dort richtet die Stiftung »Ein Platz für Kinder« ein therapeutisches Internat ein – »ein Pilotprojekt hier bei uns im bayerischen Raum«. Und auf der Insel zieht in einen leerstehenden Gebäudetrakt die »Akademie und das Gesundheitszentrum Frauenchiemsee« ein – ein Ort für psychische Gesundheit für Erwachsene.

Diese Aktivitäten kosten natürlich viel Geld, besonders bei dem alten Gemäuer. Deshalb müssen die Betriebe auch funktionieren. Darum kümmert sich Schwester Elisabeth, »Finanz- und Wirtschaftsministerin« des Klosters. »Sie macht ihre Sache sehr gut«, lobt Schwester Magdalena. Wer einmal ein vernünftiges Gespräch mit Seinesgleichen führen möchte, ist im Gästehaus richtig. »Man muss nicht nach Indien reisen, man kann auch auf Frauenwörth kommen.« Die Gäste unternehmen Ausflüge, empfinden das Gefühl der Gemeinschaft, schnuppern hinein in die benediktinische Lebensform. Herzlich willkommen sind den Nonnen »Frauen, die ihre Berufung für ein Leben in unserer Gemeinschaft klären möchten«. »Wir würden uns wieder über ein paar neue Frauen freuen«, sagt Schwester Magdalena. Immer gilt: »Wir haben uns als Gemeinschaft auf die Suche nach Gott gemacht. Jeden Tag neu. Viermal finden wir uns zum Gebet in unserem neuen, hellen Chorraum ein. Hier beten und singen wir zum Lob Gottes und danken für seine Schöpfung, die wir mitten im See großartig und herzerweiternd erleben.« Die Klosterfrauen meditieren auch privat. Bei Tisch genießen sie nicht nur die Mahlzeit, sondern auch die Tischlesung aus verschiedenen Bereichen: Spirituelles, Aktuelles aus Politik, Gesellschaft, Kirche, Naturwissenschaft und Biographisches. »An Sonn- und Feiertagen legen wir schöne Musik auf.« Jede Frau arbeitet in ihrem Bereich, beispielsweise bei den Gästen, im Büro, im Garten, in den Betrieben und Werkstätten. »Übrigens«, so Schwester Magdalena, »der strukturierte Tag ist sehr hilfreich für ein gesundes Leben.«

18 Nonnen leben in der Abtei, davon eine Frau im Noviziat. Waren die Novizinnen früher Anfang bis Mitte 20 Jahre alt, sind sie heute älter, »wie beim Heiraten«. Sie sind 30 bis 40 Jahre alt, besitzen eine Berufsausbildung, haben Karriere gemacht und Erfahrungen mit »männlichen Wesen« hinter sich. Mit einem Wort, sie bringen Lebenserfahrung mit, wenn sie ins Kloster eintreten. Klosterschwestern begleiten die Novizinnen während der sechsjährigen Ausbildungs- und Probezeit bis zum »Ewigen Gelübde«. Die Profess des Benediktinerordens kennt eine besondere Verpflichtung: Dort zu bleiben, wo man eingetreten ist, lateinisch »stabilitas loci«. »Es ist die Entscheidung für ‚lebenslänglich' auf der Insel.« Schwester Magdalena, die aus dem Egerland stammt und 2019 ihre Diamantene Profess (60 Jahre) feierte, bereut es nicht. »Es bleibt spannend!«

Weitere Informationen: www.frauenwoerth.de

»Das war eine Knochenarbeit«

Fritz Stephan hat das Leben auf der Fraueninsel weniger romantisch in Erinnerung, als es den Touristenschwärmen heute vorkommt

Bis vor kurzem stieg Fritz Stephan im Sommer jeden Tag in sein Ruderboot und ruderte zur Herreninsel und zurück, etwa vier Kilometer. Das hielt ihn fit. Nach einer OP muss er pausieren, will das Rudern aber wieder aufnehmen. Sein Alter sieht man dem drahtigen, braun gebrannten Mann vom Jahrgang 1931 jedenfalls nicht an. Gerne plaudert er über die alten Zeiten. Sein Vater Lorenz Stephan (1896 bis 1991) hat früher auf der Fraueninsel ein Strandbad mit Bootsverleih betrieben. Nebenher war er Seespediteur. Als 18-Jähriger muss er in den Ersten Weltkrieg ziehen und ist vier lange Jahre fort von daheim. Um 1920 herum nimmt er die Spedition wieder auf und macht sich als Ein-Mann-

Betrieb selbständig. Lorenz Stephan obliegt es, sämtliche Güter vom Festland zur Fraueninsel und teilweise auch zur Herreninsel zu befördern. Er kauft sich ein Holzboot, das bis zu 100 Zentner trägt. Es wird am Heck stehend mit gekreuzten Rudern mit dem Blick nach vorne fortbewegt. Bei Wind und Wellen ist das extrem anstrengend. Erst Anfang der 1930er-Jahre kommen die ersten Außenbordmotoren auf den Markt. Lorenz Stephan muss von da an zwar nicht mehr rudern, aber das Be- und Entladen des Bootes bleibt ihm nicht erspart.

Im Zweiten Weltkrieg nimmt Lorenz Stephan am Polenfeldzug teil. Doch nach drei Wochen, kurz vor der Verlegung nach Frankreich, ist für den 43-Jährigen der Krieg vorbei. Die Gemeinde Chiemsee hat ihn angefordert, denn die Insel kann nicht mehr versorgt werden. Alle Männer sind im Krieg. Sämtliche Güter müssen vom Festland auf die Insel gebracht werden: Kohlen, Holz, Kartoffeln, Bier, Mehl und Baumaterial wie Ziegel, Sand und Kies. Im Februar 1945 wird das Gymnasium Rosenheim wegen häufiger Bombenangriffe geschlossen. Fritz Stephan ist da gerade 14 Jahre alt. Fortan muss er dem Vater bei der Spedition helfen. Das Entladen des Schiffes ist Schwerstarbeit. Ein beladenes Hundert-Zentner-Schiff kann wegen seines Tiefgangs nicht direkt am Ufer anlegen. Aus Holzläden bauen sie eine Brücke, wuchten die schweren Mehl- oder Kohlensäcke auf die Schubkarren, »radeln« sie bergauf zu den Häusern und schleppen sie auch noch in die Keller. »Das war schwerste Knochenarbeit, doch nicht die einzige«, erinnert sich Fritz Stephan.

Zu Beginn des 20. Jahrhunderts halten die Insulaner etwa 50 Kühe. Mehrere Häuser haben in den schlechten Zeiten zwei bis drei, teilweise noch über die Währungsreform 1949 hinaus. Weil die wenigen Wiesen auf der Insel nicht genug Futter hergeben, richten sie eine Petition an das Königshaus. König Maximilian schenkt ihnen daraufhin Wiesen, die sich noch heute im Süden vom Ufer bis zur Autobahn erstrecken. Dort wird das handgemähte und getrocknete Heu in großen Ballen mit Netzen umwickelt auf das Schiff gebracht. Mist und Odel der Kühe müssen sie wiederum auf bis zu 500 Zentner tragende Holzschiffe schaffen, zum Südufer rudern, dort hinauf bis zur Autobahn transportieren und auf den Wiesen ausbreiten. Früh um fünf Uhr geht die Plackerei los und dauert bis spät abends. Dann müssen sie auch noch das Holzschiff reinigen. »Da war man im Sinne des Wortes fertig.« Fritz Stephan verliert an einem heißen Tag zwei bis drei Kilo seines Gewichts. Gott sei Dank sind es nicht so viele Tage im Jahr.

Wegen seiner schwer geschädigten Wirbelsäule muss er Mitte 1948 in der väterlichen Spedition aufhören. Von da an arbeitet er

Früher ruderte Fritz Stephan jeden Tag hinüber zur Herreninsel. Gegenwärtig lässt es sein Gesundheitszustand nicht zu. Er will das Rudern aber wieder aufnehmen.

bis 1980 in einem Architekturbüro. Der Vater macht allein weiter bis 1955. Zur Spedition kommen noch Badeanstalt und Bootsverleih, die er seit etwa 1925 betreibt. Mitte der 1950er-Jahre schaffen sich Lorenz Stephan und der damalige Bürgermeister Neuer jeder ein Kajütboot für 15 Personen an in der Absicht, Personen zu befördern. Dies scheitert jedoch trotz mehrerer Prozesse an der Monopolstellung der Chiemsee-Dampfschifffahrt Ludwig Feßler. Dann verfällt man auf die Idee, Lastwagen auf die Insel zu transportieren. Das bereits erwähnte 15 Meter lange und drei Meter breite Holzboot mit stabilen Seitenwänden wird mit dicken Holzbohlen bedeckt. Mit seinem Kajütboot zieht Lorenz Stephan den Lastkahn an einem 30 Meter langen Stahlseil zur Insel. Dank einer schräg betonierten Rampe fahren die Lastwagen bis zu den Häusern. Damit entfällt das kraftraubende Be- und Entladen mit dem Schubkarren. Dieses Provisorium geht 15 Jahre lang gut. Doch plötzlich machen die Lkw-Versicherungen nicht mehr mit. Das Risiko sei zu groß. Bei starkem Ostwind schwankt das Schiff bedenklich, wenn eine Ladung Kies oder Sand, pro Kubikmeter 30 Zentner, hinüber transportiert wird. Fast zwangsläufig muss die Gemeinde um 1970 herum eine Lastenfähre anschaffen. Bis zu 15 Fahrten sind heute täglich erforderlich, besonders wenn gebaut wird. 220 Insulaner, 18 Klosterfrauen, 100 Angestellte sowie bei schönem Wetter bis zu 5000 Besucher müssen versorgt werden. Zum alljährlichen Christkindlmarkt mit seinen 90 Ständen strömen am Tag bis zu 10000 Besucher auf das Eiland. »Nicht alle auf der Insel finden das gut«, resümiert Fritz Stephan. Der Fremdenverkehr bringt immer mehr Gäste auf die Insel. Pro Jahr werden etliche Filme fürs Fernsehen gedreht, 2007 flimmerte die Fronleichnamsprozession sogar deutschlandweit live über die Bildschirme.

Früher ging es den Insulanern nicht so gut. Seit Jahrhunderten und bis in die 1950er-Jahre hatten sie ihre Gemüsegärten auf der Krautinsel, wo fast allen ein Stück Land gehörte. Ob pflanzen, jäten, gießen, sie mussten jeden Tag hinüber rudern. Zunächst weideten auch Pferde von der Herreninsel dort, dann folgten Jungkühe, die von April bis Oktober auf der Krautinsel weideten und mit der Fähre transportiert wurden. Heute fressen Schafe das Gras ab. Ohne Außenbordmotoren und Nylonnetze waren vor allem die Fischer viel ärmer dran. Ganz zu schweigen von der Riesenplackerei, wenn sie jeden Tag mit schweren Holzbooten gegen den Wind Richtung Weitsee rudern und mit vollgesogenen, bleischweren Baumwollnetzen hantieren mussten. Es standen auch noch nicht die Hotels, die den Fang abgenommen hätten. Dies änderte sich erst Anfang der 1930er-Jahre, als das Nazi-Ferienprogramm »Kraft durch Freude« viele Urlauber auf die Insel brachte. Seit der Währungsreform schwoll der Zustrom der Touristen ständig an.

In all den Jahren hat sich die Infrastruktur der Fraueninsel verändert. Bis 1970 gab es einen Metzger, der selbst schlachtete, einen Bäcker, zwei Lebensmittelläden, eine Schlosserei, zwei Bootswerften, einen Installateur und Schmied und einen Töpfer. Übrig geblieben sind die Fischer, ihrer sechs, die Gastronomie und eine Bootswerft. Dafür gibt es zwei Töpfereien und eine Tankstelle. Als vor einiger Zeit der kleine Edeka-Laden im Gemeindehaus, der vormittags geöffnet war und Dinge des Grundbedarfs anbot, für immer zusperrte, war die Bestürzung der Insulaner zunächst groß. Es fanden sich aber zwei Frauen von der Insel, die bereit waren, das Geschäft als »Tante Emmas Inselladl« nach dem Muster einer Genossenschaft fortzuführen. Jeder Inselhaushalt zahlte dafür 150 Euro ein. Jetzt gibt es eine Angestellte und der Laden hat sogar am Sonntag auf. »Wir sind froh, dass wir ihn haben«, sagt Fritz Stephan. »Sonst müssten wir wegen einem Liter Milch oder einem Stück Butter zum Festland fahren.« Dafür ist er aber auch um 40 bis 50 Prozent teurer.

1981 übernahm er vom Vater den Bootsverleih und die Badeanstalt, die er mit seiner Frau 14 Jahre lang betrieb. Bis 1989 war auch ein kleiner Kiosk dabei. An dessen Stelle hat der Sohn Fritz

Stephan jun. 2001 eine neue Wirtschaft mit Biergarten gebaut. »Fritzis Biergarten« gilt als Geheimtipp, malerische Sonnenuntergänge sind gratis.

Den Senior betrübt, dass immer mehr der rund 50 Häuser auf der Insel in fremde Hände geraten. Die Neuinsulaner kommen dann meist nur am Wochenende und fallen für Kommunalaufgaben wie Gemeinde- und Kirchenrat, Kirchenchor, Feuerwehr und so weiter aus. Neue Häuser dürfen bis auf seltene Ausnahmen nicht mehr gebaut, höchstens bestehende umgebaut werden.

»Für die einen ist die Insel ein Paradies. Sie würden für den Quadratmeter Grund hohe Beträge zahlen. Andere gingen net her, auch wenn man ihnen den Grund schenken dat.« Fritz Stephan ist hier geboren und aufgewachsen. Für ihn ist das Leben auf der Insel etwas Selbstverständliches. Natürlich sei eine Stadtwohnung bequemer, da müsse man im Winter nicht das Eis um Boote und Stege aufhacken. Er selbst wohnt in einem etwa 300 Jahre alten Haus ohne Zentralheizung. Jeden Dienstag hält ein Arzt Sprechstunde im ehemaligen Pfarrheim. Für einen Besuch beim Facharzt muss man die Insel verlassen. Auch im strengsten Winter verkehrt von Gstadt aus stündlich bis 19 Uhr ein Motorschiff. Für die Fähre wird stets eine Fahrrinne offengehalten, notfalls mit einem Eisbrecher. Das Krankenhaus Prien am Westufer des Sees unterhält für Notfälle ein Sanitätsschiff. Rettungshubschrauber landen auf der Insel, allerdings nur, wenn es nicht neblig ist. 2021 wurde Fritz Stephan 90 Jahre alt. Er hofft, dass er nicht so schnell ins Altersheim muss, was heute trotz vier erwachsener Kinder, acht Enkeln und vier Urenkeln leicht passieren könne. Deshalb will er wieder rudern. Die schweren Zeiten, die hat und die wird er nie vergessen.

Weitere Informationen: Fritzis‘s Biergarten,
Hausnummer 41a, 83256 Frauenchiemsee,
Tel.: 08054/902936, E-Mail: fraueninsel@t-online.de

Die Sahara im Chiemsee

Aus dem Chiemsee erhebt sich eine Insel, die heißt »Sahara«. Von Fritzis Biergarten aus ist sie auf der Nordwestseite der Fraueninsel gut zu sehen. Das Eiland misst fünf mal fünf Meter und trägt eine einzelne Weide. Westlich und südlich der Sahara ist es sehr seicht, sodass dort bisweilen Kieljachten auf Grund laufen. Aber wieso trägt die Insel im »Bayerischen Meer« den Namen einer staubtrockenen Sandwüste? Fritz Stephan kann es erklären. Auf die Idee sei ein Sommergast gekommen. Der sagte, die kleine Insel wirke »wie eine Oase in der Wüste«. Als 1935 das Saarland wieder zu Deutschland kam, pflanzte Lorenz Stephan zur Feier des Tages eine »Trauerweide« auf der Sahara. Mit den Jahren reichten deren Äste bis zum Wasser. Bei Hochzeiten war es eine Gaudi, die Braut zu entführen und unter der Weide zu verstecken. Der Bräutigam musste dann hinaus rudern oder schwimmen, um seine Angebetete zu »retten«. Als der Baum im Spätsommer 2000 einer Sturmbö zum Opfer fiel, pflanzte im folgenden Frühjahr der damalige bayerische Umweltminister Werner Schnappauf eine neue Weide. Das dünne Bäumlein hielt aber den Stürmen nicht stand. 2007 pflanzte die Gemeinde einen neuen Baum.

»Sahara« heißt diese kleine Insel im Chiemsee. Ein Sommergast hat ihr den Namen gegeben.

»Insularus« und »Zwicklbier«

Wie die Brüder Holger und Daniel Hagen zu ihren Berufen als Winzer und Bierbrauer kamen und alte Traditionen der Fraueninsel wieder aufleben ließen

Die Fraueninsel wartet mit so mancher Überraschung auf. Eine erlebt der Besucher, wenn er über die Insel flaniert und an einem Garten vorbeikommt. Sind das nicht Weinreben? Tatsächlich! Hier wächst »Insularus«, Wein von der Fraueninsel, steht auf einem Schild. »Das mag ein Sauerampfer sein«, werden einige denken. Weit gefehlt: Fürs Bayerische Fernsehen hat die bekannte Sommelière Paula Bosch den Inselwein probiert. »Ihr Urteil fiel gut aus«, heißt es weiter auf der Informationstafel. Der Insularus ist ein trockener und kräftiger dunkler Rotwein mit feinem Duft und einer reifen Tanninstruktur. Etwa 100 Liter pro Jahr ergibt die Ernte. Mittlerweile bewirtschaften auch andere Inselbürger kleine Weingärten. Doch der Wein darf nach der strengen Gesetzeslage der Europäischen Union nicht verkauft oder ausgeschenkt werden, weil der Chiemgau kein anerkanntes Weingebiet ist. Den Hagens flatterte schon ein Zwangsrodungsbescheid ins Haus. Also trinkt ihn die Familie nebst Freunden selbst. Seit mehr als 30 Jahren lebt sie auf der Fraueninsel. Seit 2002 baut sie Rotweinreben an, aus denen der Insularus gekeltert wird. Auf die Idee kam Sohn Holger, Jahrgang 1979. In der Geschichte des Chiemgaus fand er mehrere Hinweise auf den Weinanbau auf Herrenchiemsee und anderen Orten. Der See, der Wärme speichert, beschert der Fraueninsel ein mildes Klima. Dazu kommt ein guter Boden. Das reizte ihn, zu beweisen, dass Wein in seiner Heimat zu reifen vermag. Für den Versuch wählte er als Hauptsorte die Rebe »Regent« aus. Der Anbau erfolgt nach ökologischen Richtlinien, ausgereift wird der Wein im Holzfass. Schließlich machte Holger Hagen das Hobby zum Beruf, studierte an der Weinbauhochschule Geisenheim und betreibt ein eigenes Weingut in

Im Gasthaus »Inselbräu« schenkt Daniel Hagen sein selbstgebrautes »Zwicklbier« aus. Er hat eine 300 Jahre alte Tradition wieder aufleben lassen.

der Südsteiermark. Es heißt »Weingut Holger Hagen – zwischen Bergen, Steppe und Meer.«

Sein Bruder Daniel, Jahrgang 1984, wollte dagegen auf der Insel bleiben. Er hatte herausgefunden, dass laut Klosterarchiv vor 300 Jahren auf der Insel zum letzten Mal Bier gebraut wurde. Weil noch keine Kühlung existierte, braute man das helle Bier für den Sommer und das »Märzen« im März für den Winter. Es lagerte den Sommer über und wurde deshalb stärker gebraut. Diese Tradition wollte Daniel wieder aufleben lassen. Nach dem Abitur in München hatte er sich in mehreren Brauereien umgesehen, dann stand sein Entschluss fest. »Bierbrauen ist ein schöner Beruf«, sagt er, »und es ist ja Gott sei Dank in Bayern legal.« Gelernt hat er im Hofbräuhaus in Traunstein. Nur drei Gehminuten vom Weingarten entfernt, bietet er im »Inselbräu« zu bayerischen Schmankerln sein süffiges naturtrübes Bier an. Nebenher studierte er in Weihenstephan Brauwesen. Wem Daniel Hagens Bier schmeckt, der kann es in Flaschen mitnehmen.

2008 hat er 250 Hektoliter gebraut. Die Nachfrage ist sehr groß, deshalb steigt der Ausstoß von Jahr zu Jahr. Im Sommer stößt die kleine Gasthausbrauerei an ihre Kapazitätsgrenze. Daniel denkt schon an eine Erweiterung. Das unfiltrierte »Zwicklbier« hat fünf Prozent Alkohol. Das ganze Jahr über braut er Weißbier, alles streng nach dem Reinheitsgebot. Auch das Getreide stammt aus ökologischem Anbau. Die vollautomatisierte Bierproduktion per Computer ist Daniel Hagen ein Gräuel. »Bierbrauen ist ein Handwerk«, sagt er trotzig. Das liegt ihm sehr am Herzen. Für 500 Liter Bier stellt er sich acht Stunden lang hin und passt auf. Auf der Fraueninsel waren schon immer die Handwerker zu Hause, die Berufsfischer, die Bootsbauer, die Töpfer und eben die Brauer.

Und wie steht es mit dem besonderen Inselgefühl? »Ich finde es gut, dass hier keine Autos fahren«, sagt Daniel Hagen, »wenn man morgens aufwacht, dann nicht vom Autolärm, sondern vom Vogelgezwitscher.« Es sei schön, wenn man Wasser »drumherum« hat. Nachteile sind im Winter die Kälte und der Nebel. Im offenen Boot bei Wind überzusetzen, sei total unangenehm. Als Hoffnung bleibt die Aussicht auf den Sommer, bei einem kühlen Zwicklbier auf Daniel Hagens Aussichts-Terrassen.

Weitere Informationen: www.inselbraeu-frauenchiemsee.de

Ein Rundgang über die Fraueninsel

Klosterschwestern prägen seit jeher das Bild der Fraueninsel. Eine sitzt auch im Gemeinderat der Insel.

Mit mehr als 50 Häusern und über 220 Bewohnern ist die 13,5 Hektar große Fraueninsel die am dichtesten besiedelte der drei Chiemsee-Inseln. Sie ragt bis zu acht Meter über den Seespiegel hinaus und ist auf dem Uferweg bequem in einer halben Stunde umrundet. Etwa ein Drittel der Gesamtfläche bedeckt das Kloster. Gegründet hat es vor mehr als 1200 Jahren der Bayernherzog Tassilo III. 782 weihte Bischof Virgil von Salzburg die Kirche. Karl der Große machte die Abtei im Jahr 788 nach dem Sturz Tassilos zum Reichskloster.

Seine Urenkelin Irmengard wurde von ihrem Vater, König Ludwig dem Deutschen (843

Der freistehende »Kampanile« des Klosters ist das Wahrzeichen des Chiemgaus. Im Hintergrund erheben sich Kampenwand und Scheibenwand.

bis 876), als Äbtissin von Frauenchiemsee eingesetzt. Wegen ihrer Wohltätigkeit wird sie als Schutzpatronin des Chiemgaus verehrt. Ihre Wallfahrt am 16. Juli zieht jährlich eine große Zahl von Besuchern an. Das Inselmünster steht auf karolingischen Fundamenten. Sehenswert ist die karolingische Torhalle aus der Frühzeit des Klosters. Der freistehende Kampanile, ein Wahrzeichen des Chiemgaus, stammt aus dem 12. Jahrhundert und erhielt im Jahr 1626 eine barocke Zwiebelhaube. Beide Benediktiner-Klöster, das auf der Fraueninsel und das auf der Herreninsel, wurden im Jahr 908 bei einem Überfall der

Ungarn zerstört. Während das Kloster auf der Fraueninsel in der Folge neu aufgebaut wurde, kamen erst 200 Jahre später wieder Augustiner-Mönche auf die Herreninsel.

Auf dem Inselfriedhof liegen Künstler und Gelehrte begraben, so der Chiemseemaler Max Haushofer, Mitglieder des Adelsgeschlechts von Eichendorff, sowie die Schriftsteller Wilhelm Jensen und Felix Schlagintweit. Zur Bekanntheit der Insel trug seit 1928 die Chiemseer Künstlerkolonie bei. Die Stirnwand der Kriegergedächtniskapelle im Lindenhain in der Inselmitte ziert ein großes Bild des Malers Hiasl Maier-Erding. Es zeigt ein betendes greises Fischerpaar vor der Kulisse des Chiemsees mit der Fraueninsel. Auch das Handwerk hat Tradition auf der Insel.

Etwa die Boote, die seit 1890 in der Bootswerft Heistracher in traditioneller Handarbeit gefertigt werden. Oder die Ofenkacheln der Insel-Töpferei Klampfleuthner, die bis auf das 11. Jahrhundert zurückgeht. Ihre Öfen stehen im Münchner Hofbräuhaus und in der Villa Hammerschmidt bei Bonn. Das Kloster, die Blumenpracht der Gärten, die Töpferläden und Kunstgalerien, Räucherfischspezialitäten der Fischer und die zahlreichen Biergärten – all das verleiht der Fraueninsel ein Flair von Freizeit und Lebensfreude.

Gepflegte Gärten mit üppiger Blumenpracht sind so typisch für die Insel wie das Kloster und die Gasthäuser.

Von Gstadt nach Seebruck

Der Weg von Gstadt über Gollenshausen nach Seebruck ist gut gekennzeichnet. Am Ortsausgang von Gstadt fällt nach einem sanften Anstieg zunächst ein pavillonartiges Gebäude auf, das Restaurant »Hofanger«. Durch seine Glasfronten bietet sich ein einzigartiger Rundblick über den Chiemsee, die Fraueninsel und die Alpen. Dieser Blick ging als beliebtestes Motiv in die Malergeschichte ein. Verewigt haben ihn im Ort ansässige Künstler wie Wilhelm Boshart, Willibald Demmel, Hiasl Maier-Erding, Max Märtens, Franz Leo Ruben und Albert Stagura. Die Bezeichnung Hofanger stammt von Hopfenanger. Früher wurde hier tatsächlich Hopfen angebaut. 2008 entstand ein kleiner Naturpark mit verschiedenen Erholungs-, Spiel- und Informationsmöglichkeiten. Gleich darauf müssen wir bereits wieder bremsen. Ein großer Kräutergarten lockt zum Besuch. Unter anderem wachsen hier Heilpflanzen mit essbaren Blüten. Oben auf dem Hügel thront die Filialkirche St. Petrus aus dem Jahr 1168.

Nach Durchquerung eines Waldstücks versucht der Wirt des exponiert gelegenen Schalchenhofes, die Radler mit Angeboten zu ködern. »Nur bei uns: Das Uferweg-Radler-Menü, Krafthaferl mit Pfannkuchenstreifen, Bauerngröstl nach Schalchenhof-Art, gemischtes Eis mit Sahne, für appetitliche 7,40 Euro.« Die stattlichen Bauernhöfe in Mitterndorf gehören dem Kloster auf der Fraueninsel und beherbergen eine Erholungseinrichtung für schwerstkranke Jugendliche. In Gollenshausen bestimmen die bunten Segel der Yachtschule das Bild. Oben im Ort ragt der spitze Turm der Pfarrkirche

Wilde Gesellen rudern über den Chiemsee. So könnten die Ureinwohner ausgesehen haben. Gefertigt hat die Silhouette der Künstler Angerer der Jüngere aus Siegsdorf.

St. Simon und Judas in den Himmel. Das spätgotische Gotteshaus wurde 1313 erstmals urkundlich erwähnt. Weiter geht es auf dem angenehm flachen Uferweg zum Malerwinkel. Lokalitäten für jeden Geldbeutel samt Liegewiesen und Bademöglichkeiten säumen von jetzt an die Strecke entlang der Staatsstraße, vom Seehäusl über den vornehmen Landgasthof Lambach bis zu einem Campingplatz mit Biergarten. Auf unseren Touren um den Chiemsee begegneten uns immer wieder Skulpturen des Bildhauers Professor Heinrich Kirchner (1902 bis 1984), bei Lambach der »Friedensbote«. Nach seiner Lehrtätigkeit an der Akademie für Bildende Künste in München zog Kirchner sich 1970 nach Pavolding bei Seeon zurück, wo er in mehrjähriger Arbeit einen alten Fischerhof restaurierte. Die Skulpturen kann man für einen bestimmten Zeitraum »leasen«. Allerdings sind die Kunstwerke in der Bevölkerung umstritten. Während sie den einen gefallen, halten sie die anderen für eine »Verschandelung« der Landschaft. Die skurrilen Figuren sind auch auf einem eigenen Skulpturenweg südlich von Seebruck und einer Galerie nahe dem Seebrucker Römermuseum zu sehen. Anmeldung zu den geführten Touren unter: www.seeon-seebruck.de

Der Weg folgt der alten Römerstraße Augsburg - Salzburg. Im Mittelalter fuhren auf ihr die Salzwagen. In Esbaum ist zu besichtigen, wie raffiniert und aufwändig die Römer ihre Straßen anlegten. Eine große Liegewiese mit Seezugang lädt zum Verweilen, bevor wir uns nach Seebruck begeben. In Höhe des Ortes liegt querab am See die nächste Naturbeobachtungsstation »Seebruck mit Turm«. Hin und wieder sind auch in der kalten Jahreszeit in der Seebrucker Bucht Flamingos anzutreffen. Eine Alternative zum stark befahrenen Chiemsee-Uferweg ist zwischen Gstadt und Seebruck die Parallel-Strecke entlang der Anhöhe über dem See. Sie führt von der Waldstraße in Gstadt durch Ed, Lienzing, Straßham und Burgham hinunter nach Seebruck.

Alle sitzen in einem Boot

Die Yachtschule Gollenshausen von Hans-Georg Schunck zählt zu den ältesten Binnensegelschulen Deutschlands

Ein bekannter Produzent von Gummibären lernte hier segeln. Der Eigentümer eines großen Herstellers von Haushaltsgeräten und eine Enkelin Konrad Adenauers, des ersten deutschen Bundeskanzlers, ebenso. Die Rede ist von einer der ältesten privaten Binnensegelschulen Deutschlands, der Chiemsee Yachtschule Gollenshausen. Im Jahr 2020 ist sie 70 Jahre alt geworden. »Wir sind stark in Segelkursen für jedes Alter«, sagt Hans-Georg Schunck, »besonders für Kinder und Jugendliche.« Die wohnen im gemütlichen Seglerheim am nordwestlichen Ortsrand und werden von Schuncks Gattin Petra in Vollpension bekocht. Ein bis zwei Wochen dauert ein Kurs. Viele kommen in den Ferien, auch aus dem Ausland, darunter Kanada, USA, Österreich, der Schweiz und Italien. Sie lernen die Kunst des Segelns auf kleinen Booten wie Optimisten, Laser und Kieljollen. Am Ende winkt der Segelschein. Das Alter liegt zwischen acht und 18 Jahren. In der Hauptsaison geht es turbulent zu, üben sich bis zu 85 Jugendliche im richtigen Umgang mit Pinne und Schot. Außerhalb der Ferien ist die Yachtschule in Gollenshausen auch eine Adresse für Schulklassen, quasi als Alternative zum Skilager. Schunck hat 30 Plätze im Haus. Die Gruppenveranstaltung fördere den Zusammenhalt. »Die Bindung zwischen Schülern und Lehrern kann in einzigartiger Form vermittelt werden«, sagt Schunck, »besser als beim Skifahren, denn alle sind auf einem Schiff.«

Einzigartig ist die Verbindung mit einer hauseigenen Bootswerft, die einen Rundum-Service anbietet. So ist das ganze Jahr ausgefüllt. Im Sommer die Schule und im Winter die Werftarbeiten. Schunck vermietet auch Liegeplätze an der Boje. Urlauber und Gäste aus der Region gehören im Sommer zu den externen Gästen. Sie finden eine ganze Flotte moderner Boote vor, die zwischen drei und acht Jahre alt sind: 15 Jollen und offene Kielboote, 12 Optimisten und sechs Laser.

1950 hat Schuncks Vater Hans-Norbert mit einem Boot angefangen. Im Krieg war er U-Boot-Kommandant auf verschiedenen Booten des Typs VII C gewesen. Es ist dieselbe U-Boot-Klasse wie im Film »Das Boot« nach dem Roman von Lothar-Günther Buchheim. Nach der Gefangenschaft in England und einem Architektur-Studium in Stuttgart, das er wegen Geldmangels abbrechen musste, verschlug es ihn 1949 nach Gollenshausen. Dort heiratete er und gründete ein Jahr später die Segelschule. Sie profitierte vom Wirtschaftsaufschwung. Man expandierte an die Adria, den Gardasee, Mallorca und die Costa Brava, um sich dann wieder auf Gollenshausen zu konzentrieren. »Wir wollten uns nicht verzetteln.«

Unvergessen ist Käpt'n Willi Borgmann, der in den 1960er-Jahren als Segellehrer bei Schunck beschäftigt war. Er pflegte seine Zöglinge, die im heutigen Landhotel Lambach wohnten, morgens mit einer Knochenpfeife zu wecken, wie sie früher auf Windjammern üblich war. Dazu rief er: »Segler mach' die Socken klar, die Fischfrau von Laboe ist da.« Oder: »Erhebet euch ihr müden Leiber, der Steg steht voller nackter Weiber!« Der Bootspark bestand aus Holzschiffen, von der Kieljacht bis zum Piraten. Bei einer Regatta wurden die erworbenen Kenntnisse unter Beweis gestellt. So manche zarten Bande entspannen sich unter den jungen Leuten. Während des Aufenthalts in der gemütlich-behäbigen ehemaligen Posthalterei schaute man auch mal verstohlen in das Zimmer links neben der Eingangstür. Nichts erinnerte jedoch in der Bauernstube daran, dass Adolf Hitler auf seinen Autofahrten zum Obersalzberg regelmäßig Rast im Gasthof Lambach machte. Heute hat die Yachtschule ihr eigenes modernes Domizil in Gollenshausen auf einem gemeinsamen Betriebsgrundstück mit der Bootswerft Gollenshausen. Grün-

Ein altes Werbeschild erinnert an die Anfänge der Yachtschule Schunck nach dem Krieg.

der Hans-Norbert Schunck starb 2016 im Alter von 96 Jahren. Bis zuletzt zeigte er lebhaftes Interesse an der Schule.

Für Deutschlands bekanntesten Weltumsegler Bobby Schenk war der Chiemsee einst schon die große Welt, als er mit seiner ersten »Thalassa« vom Waginger See an den Chiemsee umzog. Später sollte er um den ganzen Globus segeln. »Der Chiemsee ist ein phantastisches Revier«, schwärmt Schunck. Besonders der »Weitsee« im Nordteil des Chiemsees, wo es keinen Berufsverkehr und keine Strömungen gebe. Allerdings ist der Weitsee bei Sturm mit Vorsicht zu genießen. Zwischen Seebruck und Feldwies gibt es praktisch keine Möglichkeit, einen sicheren Hafen anzulaufen. Die kleinen Häfen in Chieming und Unterhochstätt sind nur für geübte Segler auszumachen. Ist das Wetter unsicher, sollten sich die Freizeitkapitäne in den windgeschützten Zonen zwischen den Inseln aufhalten. Doch Vorsicht! Wer aus der Abdeckung heraus segelt, muss schlagartig mit einer steifen Brise rechnen und sich entsprechend darauf vorbereiten. So hat auch der malerisch wirkende Chiemsee seine Tücken. Strahlt aber die Sonne und weht eine leichte Brise, dann bietet er rundherum viele Anlegemöglichkeiten mit Biergärten und Restaurants. Ein »Törn« zur Fraueninsel samt Besuch der Inselgastronomie – vom Biergarten bis zum gepflegten Restaurant – hat seinen besonderen Reiz. Kleine Buchten laden zum Ankern und Baden ein. Übernachten darf man aber nur in wenigen dafür ausgewiesenen Häfen und den Ankerplätzen am Nordwestufer. Zwischen November und März ruht der Sportbootbetrieb auf dem See.

Zu den traditionellen Segelclubs am See gehören der 1913 gegründete Chiemsee-Yacht-Club im Priener Ortsteil Harras mit etwa 800 Mitgliedern und der Wassersportverein Fraueninsel. Letzterer führt seine Ursprünge auf das Jahr 1879 zurück. Es gab jedoch keine feierliche Gründung, dic an diesem Jahr festzumachen wäre. Eine Gedenktafel im Münster der Insel erinnert an einen tragischen Segelunfall in jenem Jahr, bei dem drei Männer ertranken. Danach ruhte die Segelei erst einmal, bis der Kunstmaler Christian Baer sie wieder aufleben ließ. Kurz vor dem Ersten Weltkrieg fanden erste Wettfahrten vor der Fraueninsel statt. 1920 gründeten Insulaner den Wassersport Verein Fraueninsel. Die Chiemsee-Plätte wurde eines der vorherrschenden Clubboote.

Eine alte Werbetafel erinnert an den Ursprung der Yachtschule Gollenshausen. Schuncks Vater fand das betagte Schild in einer Gastwirtschaft und hat es ausgelöst. Heute hängt es im geräumigen Aufenthaltsraum der Segelschule – zur Erinnerung an die Zeit, als Adenauers Enkelin hier segeln lernte.

Weitere Informationen: www.cyg.de

Der Scherben-Kare und seine Erben

Carl Ostermayer ist es zu verdanken, dass Seebruck zu den besterforschten Römerorten Bayerns zählt – Engagierte Freunde halten das Andenken an ihn aufrecht

Das Ortsbild von Seebruck sähe wahrscheinlich anders aus, hätte es ihn nicht gegeben. Der rastlosen archäologischen Forschungsarbeit Carl Ostermayers (1915 bis 2004) ist es zu verdanken, dass die Gemeinde am Ausfluss der Alz zu den besterforschten Römerorten Bayerns zählt. Im örtlichen Römermuseum sind die Funde zu bewundern. Der fruchtbare Boden und das frische Wasser aus den zahlreichen Seen und Flüssen lockte schon damals Siedler an. Wegen seiner strategisch günstigen Lage an der Brücke über die Alz war »Bedaium«, so hieß Seebruck im Altertum, bei den Kelten und später bei der römischen Besatzungsmacht von Bedeutung. Der Übergang war Teil der Fernstraße »Via Publica« von Augsburg nach Salzburg und über den Balkan in den Orient.

»Bedaium« heißt so viel wie »Heiligtum des Bedaius«. Vermutlich geht der Name auf den keltischen Fluss- und Wassergott Bid zurück. Die Römer, die vor 2000 Jahren ins Land der Norischen Kelten einmarschierten, errichteten zum Schutz der Brücke sogar ein Kastell, auf dessen Grundmauern heute diagonal zum Geviert die Kirche steht. Über die Jahrzehnte war Carl Ostermayer stets zur Stelle, wenn Bagger im Ort eine Baugrube aushoben. Dann suchte er in dem geschichtsträchtigen Boden nach Spuren der früheren Bewohner. Das trug ihm nicht nur den Spitznamen »Scherben-Kare« ein, sondern auch die Feindschaft mancher Bauherren, die bestenfalls Verzögerungen bei ihren Projekten hinnehmen mussten. Eine moderne Friedhofsmauer aus Beton, die direkt vor einem fast zehn Meter langen Mauerrest des Kastells aufgeführt wurde, das Ostermayer im Winter 1976/77 ausgegraben hatte, musste auf seinen Druck hin wieder eingerissen werden. Er verschandle den Friedhof und störe die Leichenruhe, warfen ihm daraufhin die Seebrucker vor, die ihn anfangs gar nicht schätzten.

Spätestens nach seinem Tod ist es ruhig geworden um die Ausgrabungen im Gebiet von Seebruck. Es ist nicht auszuschließen, dass, wie überall in Bayern, »Sondengeher« auf eigene Faust mit Metalldetektoren ihr Glück versuchen und die Funde im Internet verhökern. Sie bereichern sich damit auf Kosten anderer, denn die Hälfte eines Bodenfundes gehört zwar dem Finder, die andere Hälfte aber dem Grundstückseigentümer. Erschwerend kommt hinzu, dass solche »Hobby-Archäologen« mit ihren Sonden Gegenstände aus Metall aufspüren und sie ausgraben. »Gerade anhand dieser Funde aber ist in der Regel eine Datierung von Fundstellen, beispielsweise Gräbern möglich«, heißt es aus dem Bayerischen Landesamt für Denkmalpflege. »Werden die Metallfunde, zum Beispiel Münzen, Fibeln, Nadeln entfernt, wird der Fund wissenschaftlich entwertet, er verliert seine Aussagekraft. Skelette ohne Beigaben sind für Archäologie und Bodendenkmalpflege weitgehend wertlos.« Wer ohne Erlaubnis nach Bodendenkmälern gräbt, läuft Gefahr, mit einer Geldbuße von bis zu 250000 Euro belegt zu werden.

»Zeit seines Lebens war Carl Ostermayer ein Kämpfertyp«, sagt Markus Müller, »als Heimatpfleger, der etwas erreichen wollte, musste er das auch sein.« Der junge Journalist aus Seebruck, Jahrgang 1980, hat ein Buch über den Scherben-Kare geschrieben (Carl Ostermayer, Mein Leben), mit dem ihn eine herzliche Freundschaft verband. Ostermayer erzählt darin seine turbulente Lebensgeschichte. Allein der Untertitel sagt schon alles: »Chiemgau-Urgestein, Fotograf, Filmer, Träger des Bundesverdienstkreuzes am Bande, Orts-Heimatpfleger von Seebruck am Chiemsee, Gemeinde-Archäologe und

Ehrenbürger von Seeon-Seebruck.« Darüber hinaus war er noch leidenschaftlicher Segelflieger und Fallschirmspringer. Mit 70 Jahren hat er seinen Flugschein gemacht. Seinen letzten Sprung aus 4000 Meter Höhe absolvierte er im Alter von 85 Jahren. »Das grenzenlose Freiheitsgefühl konnte ich in der Luft am besten inhalieren und genießen«, heißt es in »Mein Leben«, »die Fliegerei war neben meiner archäologischen und fotografischen Tätigkeit mein Lebenselixier.« Unzählige Schulklassen, die Ostermayer durch das Museum führte, erlebten ihn als umgänglichen und humorvollen Typen.

Ostermayer war gebürtiger Traunsteiner und wuchs bei Zieheltern auf. Dass er kein Blatt vor den Mund nahm, merkten schon die Nazis. Als ein Schwelbrand die Druckerei des braunen Kampfblättchens »Chiemgau-Bote« samt der druckfri-

Als »Römer« lief Carl Ostermayer bei der Enthüllung der »Claudius-Säule« 2004 nochmals zu Hochform auf.

schen Ausgabe arg in Mitleidenschaft zog, hängten sie das dem renitenten Lehrbuben, der nicht bei der Hitlerjugend war, als »Sabotage« an. Als politischer Gefangener verschwand der damals 18-jährige Ostermayer für drei Jahre im KZ Dachau, von 1933 bis 1936. Sie wurden zu seinem »Martyrium«. Er musste zusehen, wie Menschen bis zur Bewusstlosigkeit geschlagen, zu Tode gequält und erschossen wurden, wurde selbst geschlagen und in Dunkelhaft gesperrt. Im Krieg kam er an die Ostfront, wurde wegen »Wehrkraftzersetzung« zum Tod verurteilt. Glückliche Umstände ließen ihn aber wie so oft in seinem Leben davonkommen. »Mindestens zehn Mal hat er dem sicheren Tod ins Auge geschaut«, sagt Markus Müller.

Nach dem Krieg beginnt in Seebruck am Chiemsee Carl Ostermayers »zweites Leben«. Er wird professioneller Fotograf, heiratet Gretl Breu, ein Zimmermädchen aus dem örtlichen »Hotel zur Post«, und macht mit ihr einen Fotoladen auf. Das Fotografieren und Filmen sollte seine große Leidenschaft werden. Noch im hohen Alter saß er oft bis tief in die Nacht an seinem »Mischpult«, schnitt Filme zusammen und unterlegte sie mit Ton. Weil er dann bis in die Mittagsstunden schlief, lästerten die Seebrucker, die nichts vom nächtlichen Hobby mitbekamen, der Ostermayer sei ein Faulpelz. In den 1950er- und 1960er-Jahren wecken der Ortspfarrer Johann Baptist Kagermeier und später Hauptlehrer Johann Kraus das Interesse des Neubürgers für die Archäologie und Heimatforschung. Er belegt Grabungsseminare und eignet sich das erforderliche Wissen aus der Praxis heraus selbst an. Darauf war er besonders stolz.

1972 entdeckt er im Ortsteil Graben ein Römisch-Norisches Gräberfeld. Das ist der Anstoß für umfassende archäologische Untersuchungen durch Mitarbeiter des Landesamtes für Denkmalpflege. Die Archäologen legen mehr als 250 Gräber frei. 1976/77 gräbt Ostermayer einen Teil des spätrömischen Kastells aus. Für die Wissenschaft ist es eine Sensation, als er 1990 eine 2000 Jahre alte Libelle unversehrt ans Tageslicht befördert. Die Grabungen münden schließlich in das Römermuseum, das 1988 eingeweiht und von der Archäologischen Staatssammlung in München betreut wird. In 18 Vitrinen sind mehr als 500 Exponate von der Jungsteinzeit über Kelten und Römer bis zu den Bajuwaren ausgestellt. Darunter sind als bedeutendste Funde Figuren des Jupiter und der Juno, jede Menge Münzen, unzählige Glas- und Keramikscherben, Waffen, Werkzeuge, Fibeln und Lampen. 1993 erhält Ostermayer aus der Hand des damaligen Kultusministers Hanns Zehetmair die bayerische Denkmalschutzmedaille. Die war ihm wichtiger als das Bundesverdienstkreuz.

Um Ostermayer wird es fortan ruhiger, er frönt jetzt seinem Filmhobby. Den Fund einer Schale aus purem Gold im Chiemsee vor Ising 2001 kommentiert er mit den Worten: »Hitlers Nachttopf ist aufgetaucht.« Als am 16. Mai 2004 die »Claudius-Säule« auf dem Museumsvorplatz feierlich enthüllt wird, läuft Ostermayer, als Römer verkleidet in Tunika und mit lorbeerumkränztem Haupt, noch einmal zu alter Form auf. Amüsiert und anerkennend folgen die Zuhörer seiner frei gehaltenen Rede. Im November stirbt er überraschend an einem Gehirntumor. Der Heimat- und Geschichtsverein Bedaium, 1979 gegründet, pflegt als Träger des Museums das Vermächtnis des Verstorbenen. Im Vergleich zu den Glanzzeiten der Ära Ostermayer werden seit Mitte der 1990er-Jahre zumindest offiziell nahezu keine Funde mehr gemacht. Die Bauherren sind froh, dass keiner mehr akribisch in die Baugrube schaut. »Der Carl fehlt halt«, seufzt eine Freundin.

Weitere Informationen: www.bedaium.de

Diagonal zu den Grundmauern des einstigen römischen Kastells auf der Anhöhe über der Alz-Mündung steht die spätgotische Kirche St. Thomas und St. Stephan. Meister Jörg aus Schnaitsee hat bei ihrem Bau 1474 und 1478 hauptsächlich Steinquader des Kastells eingearbeitet. Die Kirche gehörte wie der ganze Ort Seebruck zum Kloster Frauenchiemsee. Einen Besuch wert wäre der Gasthof zur Post nicht nur wegen seines Biergartens unter großen Kastanien. Postwirtin war von 1892 bis 1894 Katharina Thoma, die Mutter des Schriftstellers Ludwig Thoma (1867 bis 1921). In der Wirtsstube lässt sich die Geschichte nachlesen. Ludwig Thoma war hier oft zu Gast und verewigte die Wirtschaft in seinen »Erinnerungen«. Thoma schrieb, »dass damals Gastwirte Respektspersonen in der Gemeinde waren, die ihr Gewerbe neben der Landwirtschaft trieben und sich um des Fremdenverkehrs willen nichts vergaben.« Allerdings war die Seebrucker Zeit für die Mutter des Dichters bestimmt durch finanzielle Sorgen, viel Arbeit und langwierige Krankheit. 1894 starb sie. Die königliche Oberförsterswitwe liegt auf dem Seebrucker Friedhof begraben. Der Gasthof ist leider dauerhaft geschlossen.

Wer unten am Ufer auf See und Berge schaut, weiß, warum der Chiemsee auch bayerisches Meer genannt wird. In seiner ganzen Weite liegt er vor einem. An klaren Tagen reicht der Blick von den Berchtesgadener Alpen bis zum Wendelstein. Mit 500 Wasser- und Landliegeplätzen gehört der Yachthafen Seebruck zu den größten in Bayern. Wir überqueren die Alz. Dort führt die Silhouette dreier verwegener Gestalten in einem Boot im Schilf recht drastisch vor Augen, wie die Chiemseeanwohner in grauer Vorzeit über den See ruderten. Gefertigt hat das Kunst-

»Thomafischer zu Chieming«, so lautet der Name eines Hofes, der bis auf das Jahr 1620 zurück geht.

Thomafischer

werk aus Edelstahl der Künstler Angerer der Jüngere aus Siegsdorf. Er ließ sich zu dieser Arbeit vom Fund eines Plankenbootes aus dem Jahr 350 v. Chr. auf der dänischen Insel Alsen inspirieren. An einem römischen Gräberfeld linker Hand vorbei führt der Chiemsee-Uferweg nun allmählich nach Süden und folgt ein Stück der stark befahrenen Straße nach Traunstein. Die schwenkt Gott sei dank bald nach links ab. Es wird wieder ruhig und die Räder schnurren auf ebener Strecke unter dem schützenden Blätterdach dahin. Wir passieren Schützing und Stöttham. Westlich von Stöttham liegt das kleine spätgotische Kirchlein St. Johann Baptist mit einem ummauerten Pestfriedhof am Waldrand.

Am Parkplatz der Klinik Alpenhof steht die nächste Plattform zur Naturbeobachtung. Ein Wetterkreuz am Wegrand wurde »wegen der vielen Unglücke auf dem Chiemsee und aus Ehrfurcht vor den Naturgewalten errichtet im Jahre 1856«. Inzwischen wurde es mehrmals liebevoll restauriert. Nun ist Chieming erreicht, das ebenfalls römische Wurzeln hat. In Höhe der Klinik Alpenhof wird der Radler nach links auf den Chiemseering und die Stötthamer Straße geleitet. Der Chiemsee-Uferweg ist jetzt nicht länger ein Uferweg, sondern führt auf Autostraßen hinein in die Ortsmitte von Chieming. Auf der Uferpromenade ist Fahrradfahren nicht erlaubt. Also marschieren wir zu Fuß an der ehemaligen Hofmark vorbei, die bis zum 17. Jahrhundert Sitz der Hofmarksherren war, bis 1965 als Pfarrhof diente und sich heute in Privatbesitz befindet. Die alte Kirche St. Peter wurde abgebrochen, die neue Pfarrkirche Mariä Himmelfahrt 1882 bis 1883 und 1891 im neuromanischen Stil errichtet.

In Chieming lebten viele gute Maler, erinnert sich der Schriftsteller Sten Nadolny, ein ehemaliger Chieminger. Zum Beispiel Adolf Erbslöh (1881 bis 1947) und der mit Erbslöh befreundete Alexander Kanoldt (1881 bis 1939). Dessen Kunst galt in der

Nazi-Zeit als entartet. Zusammen mit Wassily Kandinsky (1866 bis 1944) und anderen gründeten die beiden Maler die Neue Künstlervereinigung München, einen Vorläufer des Blauen Reiters. Eine Ortsgröße war Willi Klier (1944 bis 2014), der in Chieming seinen Lebensabend verbrachte und die alteingesessenen Bauern skizzierte. Er tat dies auf der Rückseite von Speisekarten des Gasthofs zur Post. Noch heute sind die Porträts dort zu bewundern. Alle wohnten sie beim Fischer und saßen nach getaner Arbeit auf der »Lästerbank«. Dort grüßten sie Passanten höflich, um dann über sie zu lästern.

Wo Exklusivität Tradition hat

Schon die Römer genossen in Ising ein Leben nach Gutsherrenart – Heute erholen sich dort Manager, büffeln Jugendliche im Landschulheim fürs Abitur

Ising hatte schon immer etwas Exklusives. So ließ sich während der römischen Besatzungszeit (15 v. Chr. bis 488 n. Chr.) ein reicher römischer Gutsherr auf der Anhöhe mit Traumblick auf See und Berge ein luxuriöses Landhaus errichten. Es trug den Namen »Usinga«. Die Villa Rustica hatte Mosaikfußböden und eine Fußbodenheizung. Deren Reste kamen beim Umbau des alten Maierhofes zum Vorschein. Im Mittelalter lief es nicht so gut, da war Ising ein Lehen des Klosters St. Peter in Salzburg. Die Bauern mussten dort Hühner und Eier abliefern. Dafür wurde die Kirche Mariae Himmelfahrt, im 14. Jahrhundert erstmals urkundlich nachgewiesen, zum Ziel einer Wallfahrt. Das einfache Volk pilgerte zur Muttergottes, einer spätgotischen Mondsichelmadonna, und leistete Fürbitten. Bis heute besteht die Wallfahrtstradition fort. Um 1800 bestand Ising aus vier Anwesen. Das älteste ist der bereits erwähnte Untermaier- oder Maierhof. Dessen Besitzer ließ beim Umbau 1840 auch einen Turm errichten, als Ausdruck »gehobener Bäuerlichkeit im Stil des Biedermeier«, wie der pensionierte Gymnasiallehrer Alfons Regnauer in der Geschichte des Landschulheims Schloss Ising schreibt. Später kam noch ein vornehmes Herrenhaus dazu. Wenn die heimische Wirtschaft vom Bau des Schlosses Herrenchiemsee nur peripher profitierte, bei Ising war es anders. Der königlich bayerische Rittmeister Baron Franz von Liel, Herr auf dem Maierhof, sah die Chance und ließ eigens eine große Ziegelbrennerei für den Schlossbau errichten. In Pferdefuhrwerken und später Rollwägen auf Schienen wurden die Ziegel hinunter ans Ufer befördert und von dort aus auf Kähnen zur Herreninsel gebracht.

Nach dem Vorbild der Bauten Ludwigs II. ließ der sächsische Major Leo Czermak als nächster Eigentümer den ehemaligen Maierhof 1891 großzügig umbauen. Zwei neue Seitentrakte machten das Anwesen nun zur Drei-Flügel-Anlage, zusätzliche Türme verliehen ihr einen schlossartigen Charakter. Aus heutiger Sicht war es des Guten zu viel, passte aber zur damaligen Schwärmerei für die Ritter-Romantik. All die Gesimse, Zinnen, Balustraden, Treppchen und Türmchen verliehen dem Komplex »ein seltenes Gemisch von Stilformen der Neuromantik, Neugotik und des Neubarock«, schreibt Regnauer. Als Präsident des Bayerischen Automobilclubs liebte Czermak das gesellschaftliche Leben und gab große Empfänge. Münchens erste Gesellschaft war in Ising zu Gast, darunter bei der Hochzeit von Czermaks Tochter auch Kronprinz Rupprecht von Bayern. Sein »Schloss« richtete der Sachse mit wertvollem Mobiliar ein, den Park wandelte er in einen gepflegten Englischen Garten um. Die Umbauten stießen damals auf Kritik. Der Schlossbau sei ganz und gar unoriginell und von Schloss könne man schon gar nicht reden, weil Ising zu keiner Zeit ein mit einer Hofmark verbundener Adelssitz gewesen sei, notierte der Pfarrvikar. 1923 war das mondäne Treiben jäh zu Ende. Während eines heftigen Gewitters legte ein Brand das Anwesen in Schutt und Asche. Der Wiederaufbau in einem schlichteren Stil überforderte Czermaks Finanzen. 1934 musste er sein Schloss an Josef Witt (1884 bis 1954) aus Weiden in der Oberpfalz verkaufen, den Pionier des deutschen Versandhandels und Inhaber des gleichnamigen Textilversandhauses. Der gelernte Zimmermann hatte erkannt, dass die Menschen auf dem Land nicht gut versorgt waren, und 1907 damit begonnen, Aussteuerware zu verschicken. Aus dem Kolonialwarenladen seiner Schwester machte Witt Deutschlands führendes Versandhaus. 30 Jahre später hatte das Unternehmen 5000 Mitarbeiter und erwirtschaftete einen Umsatz von 86 Millionen Reichsmark. Heute gehört Witt Weiden als 100-prozentige Tochter zum Hamburger Otto-Konzern.

Die Witts legten ihr Geld damals in Immobilien an. Unter anderem kauften sie auch das Forsthaus Wörnbrunn und die Villa von Rudolf Diesel, Erfinder des Dieselmotors, in München-Bogenhausen. In der residiert Komponist Ralph Siegel,

Im Schloss Ising ist heute ein Landschulheim untergebracht, in dem sich Schüler aus ganz Europa auf das Abitur vorbereiten.

der wiederum in Rimsting am Chiemsee aufwuchs. Schloss Ising schenkte Kommerzienrat Witt seiner Tochter Monika. Anfang der 1950er-Jahre übernahm der Zweckverband Bayerischer Landschulheime das Schloss. Bis heute nutzt er es als Gymnasium mit Internat und Tagesheim. Derzeit lernen dort etwa 430 Schülerinnen und Schüler aus allen Teilen Europas. »Mein Großvater hat die Landwirtschaft ausgebaut. Ganz Ising war eine riesengroße Baumschule« erinnert sich Konstantin Magalow. Sein Vater, Georg Magalow, ein hochgewachsener, stolzer Georgier, hatte als 17-Jähriger noch gegen die Bolschewisten gekämpft. Anfang der 1920er-Jahre musste er vor den Kommunisten fliehen und kam zum Studium nach Deutschland. Dort lernte Monika Witt den feurigen Freiheitskämpfer kennen und verliebte sich in ihn.

Konstantin Magalow, Herr auf Gut Ising, hat georgische Wurzeln.

Heute wohnt die Familie Magalow in einer Villa neben dem Schloss. Weil nach dem Krieg alle Gutsbesitzer mit der Landwirtschaft anfingen, war damit nicht viel Geld zu verdienen. Nachdem zum Gut auch eine Gastwirtschaft mit ein paar Zimmern gehörte, begannen die Magalows, peu à peu einen Hotelbetrieb aufzubauen. Wie es der Zufall will, schenkte Anneliese von Bohlen und Halbach, Gattin des Krupp-Alleininhabers Alfried von Bohlen und Halbach, Magalows Bruder Sandro die renommierte Pferdezeitschrift »St. Georg«. Der junge Sandro war begeistert und steckte die ganze Familie an. Anfang der

1960er-Jahre begann der Aufstieg Isings zu einer der ersten Adressen für Pferdezucht und Pferdesport in Deutschland. So stammt zum Beispiel das berühmte Dressurpferd »Granat«, auf dem die Schweizerin Christine Stückelberger Olympiasiegerin und Weltmeisterin wurde, aus Isinger Zucht. Ising brachte auch bayerische Meister und Vizemeister hervor, darunter Sandro und Tino Magalow. Das Isinger Polo-Team wurde 2009 Deutscher Meister. Regelmäßig finden Turniere statt.

Im Lauf der Jahre wurde aus dem einstigen Gasthaus auf dem Gutsgelände ein modernes Vier-Sterne-Hotel samt 9-Loch-Golfplatz, Golf-Akademie und Tennisplätzen. Heute besteht die Anlage aus acht Häusern mit 105 Zimmern, Schwimmbad und Wellness-Oase. Die Reitschule bietet Freizeit- und Turnierreitern jeder Altersklasse, Ausbildung in Dressur, Springen und Gelände an, auf Wunsch auch Polo. Zu den Gasttrainern zählen bekannte Namen wie Klaus Balkenhol und Nicole Uphoff. »Wir sind jedenfalls keine Hotelreitschule«, betont Magalow. Ein Pferdemuseum zeigt Kutschen, Sättel und Kleidung. Vier Restaurants – bayerisch traditionelle Küche im Restaurant zum »Goldenen Pflug«, gehobene Kulinarik im Gourmetstüberl »Usinga«, feine italienische Köstlichkeiten im Ristorante »Il Cavallo« und saftige Steaks, Burger sowie Yogi Bowls (vegane Mahlzeit) in der »St. Georgsklause« runden das Angebot ab. Auf die geliebten Vierbeiner wartet eine Hundebar und eine Hundedusche mit Kräutershampoo und Handtüchern.

Wie zu Zeiten des Majors Czermak ist der Aufenthalt in Ising ein »Urlaub nach Gutsherrenart«, treffen sich Persönlichkeiten aus Wirtschaft, Politik und Sport in legerer Umgebung. Auf Fotos von Reitturnieren ist immer wieder mal Ursula von der Leyen zu sehen.

Weitere Informationen: www.gut-ising.com

Hitlers goldener Nachttopf

Vermutlich wäre Isings Exklusivität heute von ganz anderer Art, hätten die Nazis den Krieg gewonnen. Denn genau dort, wo auf dem sanft zum See geneigten Areal die Große Reithalle steht, hatten die braunen Machthaber Großes vor. Sie wollten eine gigantische »Hohe Schule der Partei« errichten. Hitlers Chefideologen Alfred Rosenberg schwebte eine Elite-Universität vor, an der die Nazis ihren Lehrernachwuchs für die NS-Elite-Schulen züchten wollten. Architekt Hermann Gieseler sollte das Monstrum bauen. Hitler selbst gab der Anlage den Namen »Hohe Schule« und bestimmte als Standort das Nord-Ost-Ufer des Chiemsees, schreibt der Historiker Gerd Evers in der Isinger Chronik. Die Bauten gruppierten sich um eine Nord-Süd-Achse von 1,7 Kilometer Länge, die seeseitige Gebäudefront war 300 Meter breit. Es existierte bereits ein Modell, und die Pflöcke für die Zufahrt waren eingeschlagen. Es kam – Gott sei Dank – anders.

Die Erinnerung an unselige Zeiten wurde wieder lebendig, als Taucher im September 2001 etwa 200 Meter vor Arlaching einen Kessel aus purem Gold aus dem See fischten. Die Schale wurde aus zehn Einzelplatten gefertigt. Im Oberteil ist auf der Innen- und Außenwand eine etwa 22 Zentimeter hohe Relief-Darstellung zu sehen, die sich als Illustration keltischer und indogermanischer Menschen- und Tieropfer entschlüsseln ließ. Weil solche Darstellungen im Dritten Reich verherrlicht wurden, machte schnell das Wort vom Nazi-Schatz die Runde. Sogar von »Hitlers Nachttopf« war die Rede, der vor dem Einmarsch der Amerikaner in den See geworfen worden sei. Gutachter der Archäologischen Staatssammlung fanden aber keine Hinweise auf eine Verbindung zu Personen aus der

NS-Zeit. Die auf einen aktuellen Wert von 250000 Euro geschätzte Goldschale gehörte zuletzt einem Schweizer Geschäftsmann, der mit dem Schatz als »Heiligem Gral« offenbar das große Geschäft machen wollte. Er wurde jedoch von potenziellen Interessenten wegen Betrugs angezeigt. Der Kessel soll Anfang des 20. Jahrhunderts hergestellt worden sein. Finder und Freistaat als gemeinsa-

Von gigantischen Ausmaßen war die geplante Elite-Universität der Nazis in Ising.

me Eigentümer verkauften ihn schließlich laut Süddeutscher Zeitung an einen seriösen Privatmann. Das bot die Gewähr, dass ein Missbrauch durch rechtsgerichtete Gruppen unterbleibt.

Jenseits des Chiemsees liegt Afrika

Der Schriftsteller Sten Nadolny über seine alte Heimat Chieming und die Ursprünge seines Bestsellers »Die Entdeckung der Langsamkeit«

Für den Buben war der schier unermesslich große See vor seiner Haustür der Atlantik. »Jenseits des Atlantiks lag die Zukunft«, erzählt Sten Nadolny. Der Schriftsteller, Jahrgang 1942, hat seine Jugend in Chieming verbracht. Ein Holzhäuschen, umgeben von einem großen, verwunschenen Garten, ist seine Heimat. Dieses Universum war prägend. Hier liegen die Ursprünge für »Die Entdeckung der Langsamkeit«, seinen preisgekrönten Bestseller von 1983. Am östlichen Ufer des Chiemsees begann, was Nadolny die »Franklin-Forschung« nennt. Die Figur des im Lexikon gefundenen Polarforschers und Titelhelden John Franklin, der von der Entdeckung der legendären Nordwestpassage träumte, nahm allmählich Gestalt an. »Mit dreizehn entwickelte ich auch die Leidenschaft für das Kartografieren von Küstenlinien«, schreibt Sten Nadolny im Nachwort zum Roman. Dieses erschien 2007, zum »Eintritt ins Rentenalter«. Darin gibt der Autor bereitwillig Auskunft über die bei Lesungen so häufig gestellte Frage: »Wie sind Sie auf John Franklin gekommen?«

Ein weiterer Roman »Weitlings Sommerfrische«, der 2012 erschienen ist und die Zeitreise eines pensionierten Richters in seine Jugend beschreibt, hat den Chiemsee und Nadolnys frühe Erinnerungen als Hintergrund. Weitling, der wie Nadolny abwechselnd in Berlin und einem Ferienhaus in Chieming wohnt, unternimmt mit einer Plätte Fahrten auf dem Chiemsee.

Wie der junge Nadolny, der in der Plätte des Nachbarn über den See rudert. Den Kurs bestimmt er selbst. Das Boot trägt

Häufig weilte Sten Nadolny in dem Holzhäuschen seiner Mutter in Chieming. Es beherbergte früher viele Gäste, Maler, Schriftsteller und Komponisten.

ihn mal zu den Inseln, mal hinunter nach Süden zum Delta der Tiroler Achen. Es ist ein wildes Land, das heute als international bedeutendes Vogelschutzgebiet unter strengem Schutz steht. Weitläufige Kiesbänke mit dichtem Buschwerk ragen in den See. Die Buben nennen das Delta »Afrika«. Der junge Entdecker zeichnet den Verlauf von Flussarmen und Sandbänken in Karten ein, etwa den »Nikolozipf«. In dessen Schutz tummeln sich um 1950 noch die Nacktbader. Die Bauern mokieren sich über die Freikörperkultur. Das sei unanständig. Der Nikolozipf war das alte Flußdelta der Achen, aus der Zeit vor der Flussregulierung, an dessen Ufer eine kleine Kapelle mit Namen St. Nikolaus steht. Sten fühlt sich als Geograf. Schiffsbau, Segeln, Piratenbücher interessieren ihn brennend. Weil sein bester Freund aus Volksschulzeiten nach Kanada ausgewandert ist, nimmt er sich die Karte von Kanada vor. Er merkt sich jede Bucht und kann bald den gesamten arktischen Küstenverlauf aus dem Kopf zeichnen. So, wie es später auch der Polarforscher John Franklin getan hat. Auf dessen Schicksal stößt er beim Schmökern im Lexikon, weil so viele Kapitäne ab 1845 nach dem Verschollenen gesucht haben. Das Interesse für den geheimnisvollen Mann erwacht.» Für mein Leben mit John Franklin war das Segeln sehr wichtig.« Nadolny lernt es 1956 bei Kapitän Schunck in Gollenshausen. »Der sah so aus, wie ich mir Kapitän Hornblower vorstellte, sehr deutsch, eher Curd Jürgens als Gregory Peck.« Der alte Seebär, Jahrgang 1920, starb 2016. Bis an sein Lebensende zeigte er lebhaftes Interesse an der Yachtschule, die jetzt sein Sohn führt. Sein erstes Geld, zwei Mark die Stunde, verdient Sten Nadolny als »Skipper« von Sommerfrischlern im Bootsverleih des Nachbarn Franz Peteranderl. Das Anwesen heißt »Beim Wegmacher« und die kleine Landzunge dort der »Wegmacherzipf«. Auch Spezialbezeichnungen der Seemannssprache hat der junge Nadolny schon drauf. Zum Beispiel, dass eine Plätte ein Luggersegel hat.

Die Voraussetzung für die unbeschwerte Jugend am Chiemsee hatte Nadolnys Großvater Alexander Peltzer geschaffen, Abkömmling einer wohlhabenden Moskauer Kaufmannsfamilie. Er kommt aus Russland nach München, studiert an der Münchner Akademie Malerei. Als er zufällig mit seiner Malklasse durchs Alpenvorland streift, verliebt er sich in die oberbayerische Landschaft und logiert immer öfter in Chieming, zum Malen und zum Fischen. Peltzer freundet sich mit dem Fischer Isidor Kirchmeier an. Die Familie schlägt in Chieming Wurzeln, 1932 baut Peltzer sich dort sein Sommerhaus am heutigen »Isabella-Nadolny-Weg«.

In den späten 1930er-Jahren ging Peltzer das Geld aus. Nach der russischen Revolution war die Einnahmequelle in Moskau versiegt, jetzt kam auch von wo anders her nichts mehr, die

Familie verlor die Wohnung in München, das Haus in Brannenburg am Inn, es blieb nur noch das Holzhaus am Chiemsee. Um malen zu können, verkaufte Alexander Peltzer gegen Pfennigbeträge marmoriertes Papier, mit dem Bücher eingebunden werden konnten. Seine Bilder hat er meist nur verschenkt oder gegen Naturalien eingetauscht, machte nie Ausstellungen. Er war alles andere als ein Geschäftsmann. »Ich bin stolz auf meinen Großvater. Er war ein wunderbarer, weiser alter Herr.« Von ihm, der jeder Eile abhold war, rührt auch die Idee von der Langsamkeit, die für die Romanfigur John Franklin zum erfolgreichen Lebensprinzip werden sollte.

John Franklin weist auch Ähnlichkeiten mit Nadolnys Vater auf. »Der war geduldig, freundlich, fleißig und zuversichtlich, aber allzu oft vom Pech verfolgt und letztlich kein strahlender Sieger.« Der Vater wurde 1905 in St. Petersburg als Sohn eines deutschen Diplomaten geboren, lernte in Berlin Isabella Peltzer kennen, heiratete sie 1941 in Chieming, wurde nach dem Krieg Schriftsteller. Er starb schon 1968 im Alter von nur 63 Jahren in Chieming. Isabella Nadolny findet sich ebenfalls gleich in einigen weiblichen Romanfiguren ihres Sohnes wieder. Von ihrem Mann lernte sie das Schreiben und hat mehrere Bestseller verfasst. Ihr erster großer Erfolg wurde 1959 eine Erzählung über das Haus am Chiemsee: »Ein Baum wächst übers Dach«. Von da an ging es der Familie finanziell besser. Das Holzhäuschen, »hellhörig wie eine Fregatte bei totaler Flaute« (Nadolny), war ein offenes Haus. Es beherbergte viele Gäste – Maler, Schriftsteller, Komponisten – die den Buben beeindruckten, allen voran Werner Egk (1901 bis 1983). Er war der Einzige, der sich ernsthaft für die Geschichte des Polarforschers John Franklin interessierte.

Nach der Chieminger Volksschule ging der Bub von 1952 an auf das Gymnasium in Traunstein, wo er 1961 das Abitur ablegte. Es folgte ein Studium der Geschichte und Politikwissenschaft in München, Göttingen, Tübingen und Berlin. 1976 promovierte er zum Thema »Abrüstungsdiplomatie 1932/1933«. Einige Jahre unterrichtete Sten Nadolny an einem Spandauer Gymnasium Geschichte und Politik. Dann zog es ihn zum Film. »Ich wollte Regisseur oder Produzent werden, aber dann hat mich doch noch die Schreiberei ereilt.« Es stellte sich heraus, dass er es gut konnte, und er blieb dabei. Sowohl die Lehrtätigkeit als auch die Zeit beim Film kam seinem Franklin-Projekt zugute, und schließlich fand er für den Roman die »erzählerische Kurve«.

Er erbte das Holzhäuschen, als seine Mutter 2004 im Alter von 87 Jahren starb. »Immer häufiger« weile er in Chieming, sagte uns Sten Nadolny vor zehn Jahren. Er komme gerne her. Hier könne er radeln, schwimmen und wandern. Sein zweiter Wohnsitz in Berlin werde irgendwann »nicht mehr sein müssen«.

Doch es kam anders als gedacht. 2018 hat er das Haus verkauft und 2019 ganz übergeben. »Der Gründe sind viele«, schrieb er in einer E-Mail. Der wichtigste sei sicher, dass er und seine Frau, die aus Köln stammt, im vorgerückten Alter nicht mehr zwischen zwei Wohnsitzen hin- und herfahren wollten. Nach »hartem Ringen« habe man sich für Berlin als alleiniges Domizil entschieden. Im Haus wohnten jetzt sympathische Nachfolger, die es mit Liebe restauriert und modernisiert haben, »und wir müssen in Berlin nicht mehr bei jeder Sturmmeldung zittern, ob im Garten die Linde noch steht … Tun wir natürlich doch – so leicht verschwindet sie nicht aus dem Bewusstsein«. Isabelle Nadolny hatte ihr in ihrem bekanntesten Buch »Ein Baum wächst übers Dach« (München 1959) ein literarisches Denkmal gesetzt.

Auch die Plätte sei, wenn nicht mehr in der Gegenwart, so doch in der Erinnerung, immer noch flott unterwegs. »Solange wir überhaupt reisen können«, schreibt Nadolny, werde man immer wieder nach Chieming fahren, schon um das nahe Familiengrab auf einem kleinen Friedhof bei Stöttham zu besuchen. Auch Freundschaften aus so vielen Jahrzehnten wollen gepflegt sein.

So bleibt der Chiemsee für den Autor präsent, der Atlantik der Kindheitstage, an dem die Geschichte John Franklins Fahrt aufnahm. Sein Buch, schrieb Sten Nadolny im Nachwort zum Roman, enthalte nicht nur das Leben Franklins, »sondern auch, das ahnte ich, indirekt mein eigenes«.

Bezaubernde Farbkompositionen bietet die Natur nach einem sommerlichen Sonnenuntergang. Der See »geht schlafen«

Von Chieming nach Feldwies

Für geübte Radler bietet sich von Chieming aus eine abwechslungsreiche Tagestour an den Waginger See an. Die Streckenlänge beträgt etwa 55 Kilometer. Man folgt der Beschilderung des Benedikt- und des Mozart-Radwegs. Wir wollen jedoch unsere Seeumrundung fortsetzen und fahren zunächst parallel zur Straße nach Traunstein auf einem schattigen Weg am Ufer entlang. Bald schwenkt die Staatsstraße nach links ab, sofort wird es ruhig. Auf einem Landvorsprung steht der Naturbeobachtungsturm Hagenau. Weiter geht es um die Hirschauer Bucht zum dortigen Beobachtungsturm. Das »Wirtshaus zur Hirschauer Bucht« lädt zur Rast ein. Schräg nach Norden fällt der Blick auf das Allerheiligste des Naturschutzes am Chiemsee, das Delta der Tiroler Achen. Betreten ist strikt verboten. Die Priener Tourismus GmbH (Tel.: 08051/69050) veranstaltet von Mai bis Oktober vom Dampfersteg Übersee-Feldwies aus dreistündige Erlebnisbootsfahrten in einer alten Barkasse an den Rand des Deltas. Bald befinden wir uns in der Kernzone des Naturschutzgebiets »Tiroler Achen«. Es gehört zu den letzten großräumig-naturnahen Landschaften Deutschlands. Große Feuchtwiesen, unverbaute Ufer mit ausgedehnten Flachwasserzonen und Schilffeldern, artenreiche Auwälder und ein weitgehend naturnaher Mündungsbereich des Gebirgsflusses bilden den Lebensraum für viele vom Aussterben bedrohte Tiere und Pflanzen.

Seit 1950 wurden über 300 Vogelarten gezählt, darunter etwa 125 Brutvögel. Im Winter nehmen hier bis zu 30000 Zugvögel aus Nord- und Osteuropa ihr Quartier. In der kalten Jahreszeit bevölkern mehr und teilweise ganz andere Vögel den

Was fliegt denn da? Mit schwerem Gerät haben sich »Birdwatcher« auf einem der Naturbeobachtungstürme rund um den See postiert.

Chiemsee als im Sommer. Ganzjährig ist unter anderem der farbenprächtige Eisvogel anzutreffen. Er heißt deshalb auch »Standvogel«. Andere Arten wie Störche und Kraniche legen auf ihrem Flug in den Süden auf dem »Vogelflughafen« nur einen kurzen Zwischenstopp zur Nahrungsaufnahme ein. Seit 1976 ist der Chiemsee entsprechend der Ramsar-Konvention als Feuchtgebiet von internationaler Bedeutung für Wasser- und Watvögel anerkannt. Besonders sensible Uferbereiche wurden als Ruhezonen ausgewiesen. Störungen durch den Menschen nimmt die Natur übel. »Bitte helfen Sie mit, dieses einzigartige Gebiet zu erhalten«, heißt es fast flehend auf einem Schild. Selbstverständlich folgen wir dieser Bitte, bleiben auf den Wegen und umfahren das Gebiet großräumig. Die Ortschaft Grabenstätt lassen wir links liegen. Das Schloss in der Ortsmitte brannte im Laufe seiner wechselvollen Geschichte mehrmals ab, wurde wieder aufgebaut und ist seit 1985 Rathaus. 2009 machte Grabenstätt mit einer Stechmückenplage Schlagzeilen. Einwohner und Gäste litten arg unter den »Stanzen«, wie die Insekten am Chiemsee heißen. Anders als bei den westlichen und nördlichen Seeanrainern durfte in der Südostecke wegen der Naturschutzgebiete kein Gift verspritzt werden. Immer wieder kommt es am Chiemsee in der warmen Jahreszeit zu Mückenplagen und zu kontroversen Diskussionen über Anti-Mückenmittel.

Als vor etwa 15 000 Jahren der Chiemsee durch das Abschmelzen der Gletscher entstand, reichte er im Norden bis Pelham und Truchtlaching, bis Marquartstein im Süden und Bergen im Osten. Das heutige Grabenstätt gab es also noch nicht. Vor 135 Jahren lag der Ort noch am See, erzählen die Naturführer auf ihren Touren. Der Pfarrer soll sogar mit dem Boot an der Kirche St. Peter und Paul angelegt haben. Das in Bergen gewonnene Erz wurde in Grabenstätt auf Schiffe verladen und nach Bernau gerudert. Von dort ging es weiter nach Aschau zum Verhütten. Heute liegt Grabenstätt nicht mehr direkt am Seeufer. Das ist wohl auch eine Folge des »Wasserkrieges«, der seit Jahrhunderten bis heute tobt. »Die einen wollen möglichst viel See, die anderen möglichst viel Land«, beschreibt Michael Lohmann die Auseinandersetzung in seinem Chiemsee-Naturführer. In der Vergangenheit war es ein Interessenkonflikt zwischen Fischern und Bauern. Letztere erreichten, dass der Chiemsee durch Ausbaggern der Alz-Mündung »tiefer« gelegt wurde. Den Rest besorgte und besorgt die Tiroler Achen. Jährlich transportiert sie etwa 170 000 Kubikmeter Geröll in den See. In 7000 bis 8000 Jahren wird es keinen Chiemsee mehr geben.

Östlich von Grabenstätt liegt der Tüttensee, einer der wärmsten Seen Oberbayerns. Von Mai bis zum Spätherbst kann man in dem braunen Moorwasser baden. Seine nahezu kreisrunde Form führte 2004 zu einer bizarren Diskussion. Während die meisten Geologen das idyllische Gewässer als Toteisloch auf einen abgeschmolzenen Eisblock der Würm-Eiszeit zurückführen, war eine Gruppe von Hobbyforschern felsenfest davon überzeugt, einen Meteoritenkrater vor sich zu haben. Um Gewissheit zu erlangen, ob sich der »Chiemgau-Impakt« wirklich ereignete, hatte das Landesamt für Umwelt im Herbst 2009 ein zehn Meter tiefes Loch in den Torfboden gebohrt. Man fand keinerlei Hinweise auf einen Meteoriteneinschlag. Bis zurück in die Späteiszeit wurde keine Störung der Ablagerungen festgestellt. In einem eigenen Raum im Schloss Grabenstätt sind Fundstücke zu sehen.

Nach der Autobahnbrücke über die Tiroler Achen biegen wir nach links ab und folgen etwa drei Kilometer dem Achental-Radweg. Vor der Bahnlinie geht es nach rechts. Die Schienen führen uns direkt nach Übersee. Die kürzere, aber weniger reizvolle Alternative wäre der Chiemsee-Uferweg entlang der Autobahn.

»Frau Exter« gibt sich die Ehre

Dank der Freien Journalistin Monika Kretzmer-Diepold ist die Wirkungsstätte eines der bekanntesten Chiemsee-Maler heute ein Museum

Die Schulkinder dürfen Monika zu ihr sagen. Oder ganz einfach »Frau Exter«. Tatsächlich verkörpert Monika Kretzmer-Diepold in einem gewissen Sinne den Geist des bekannten Chiemsee-Malers Julius Exter (1863 bis 1939). Denn wären sie und ein Kreis interessierter Kunstfreunde nicht gewesen, wer weiß, ob es heute das Kleinod am südlichen Chiemsee-Ufer gäbe. So aber hat der kunstsinnige Radler die einmalige Gelegenheit, Wirkungsstätte und Lebensmittelpunkt des »Farbenfürsten« in der Feldwies zu besuchen. Es empfiehlt sich, zunächst im lauschigen Biergarten der uralten Wirtschaft »D'Feldwies« schräg gegenüber zu warten, bis die Museumschefin und Hausherrin gegen 17 Uhr aufsperrt. Dann bietet sich zwei Stunden lang Gelegenheit, das besondere Ambiente des alten Künstlerhauses am Blumenweg 5 zu genießen. Noch bevor man das Museum betritt, fällt der farbenprächtige Garten ins Auge. Julius Exter hat ihn in vielen seiner Bilder verewigt, Monika Kretzmer-Diepold hat ihn 1999 nach Exters Gemälden wieder angelegt. Sie steckt viel Zeit und Geld in ihre Blumenpracht, um einen möglichst authentischen Gesamteindruck zu vermitteln. Der Besucher fühlt sich an Claude Monets Garten im normannischen Giverny erinnert, der für Exter Vorbild war. Oder an das Landhaus des berühmten russischen Malers Ilja Repin an der Ostsee in Repino bei St. Petersburg.

Betritt man das Atelier im ersten Stockwerk, wirkt alles so, als ob Julius Exter gerade einmal hinausgegangen ist, um in seinen charakteristischen leuchtenden Farben Mädchen am Chiemseestrand oder Malven und Sonnenblumen in seinem Garten zu malen. Allerlei Malkästen liegen geöffnet herum und warten auf ihre Benutzung, ebenso wie dutzende Pinsel, die in Gläsern ste-

Monika Kretzmer-Diepold hat es sich zur Lebensaufgabe gemacht, das Werk Julius Exters und dessen Atelier in Feldwies für die Nachwelt zu erhalten.

cken. Auf Fensterbrettern und Regalen reihen sich Flaschen mit Lösungsmitteln. Eine ganze Batterie Einweckgläser voller Farbpigmente, vom intensiven Gelb über lindes Grün bis zum Kobaltblau, gibt Hinweise auf Exters Arbeitsweise. Er mischte seine Farben selbst an und experimentierte dabei. Das erklärt die Strahlkraft vieler seiner Bilder.

Um die Jahrhundertwende war Exter ein wichtiger Vorkämpfer der modernen Malerei in München. Er gehörte der Künstlervereinigung »Secession« an, die gegen den etablierten Kunstbetrieb opponierte. Seine Bilder verkaufte er in ganz Europa und in der Schweiz, wo Jenny und Sidney Brown, technischer Direktor der Firma Brown Boveri & Cie., wichtigste Mäzene wurden. Das uralte Bauernsachl »Zum Stricker« hatte Exter 1898 während eines Sommeraufenthalts entdeckt. In jenem Jahr heiratet der gebürtige Ludwigshafener Judith Anna Köhler, eine Malerin aus Darmstadt. Das Paar hat zwei Kinder, Judith und Karl. 1902 wird Exter zum »königlichen Professor« ernannt und erwirbt das Feldwieser Anwesen. Er lässt es zum Künstlersitz umbauen. Der Heuboden weicht einem bis unter das Dach reichenden Atelier mit dem prägenden großen Fenster im Norden und einer Galerie. Das Domizil wird gesellschaftlicher Mittelpunkt für Schüler und Freunde. Der Kunstprofessor hält Sommerakademien mit überwiegend Schülerinnen ab, die er seine »Malweiblein« nennt. Als die Zeiten wegen des Krieges schwieriger werden, muss Exter Wohnung und Atelier in München aufgeben. 1917 lässt sich seine Frau Judith von ihm scheiden, kehrt später zurück, ohne ihn jedoch wieder zu ehelichen. Exter bleibt von da an ständig am Chiemsee und arbeitet wie ein Besessener. Auf vielen seiner Werke aus dieser Zeit bleibt der Künstler sitzen.

»Hier, in der ländlichen Abgeschiedenheit von Feldwies, entwickelte der Künstler seinen unverwechselbaren Stil. Ausgehend von der dörflichen Umgebung oder von der weiträumigen Chiemseelandschaft mit der bewegten Wasserfläche des Sees und dem Wolkenspiel, mit den ausgedehnten Moorgebieten und der Alpenkette als Fernbild am Horizont, entstehen vor der Natur skizzierte Gemälde von vitaler Farbenpracht, die zum einen dem Neo-Impressionismus, zum anderen dem Expressionismus in der Art der französischen ‚Fauves' verpflichtet sind. Die Farben werden spontan mit breiten, heftigen Pinselstrichen aufgetragen, die Formen sind großzügig vereinfacht und abstrahiert. Die ungewöhnlichen, spannungsreichen Motive scheinen die Bildfläche sprengen zu wollen.« So beschreibt der Exter-Experte Elmar Dionys Schmid Exters Malerei im Vorwort einer gemeinsamen Schrift mit Monika Kretzmer-Diepold. Exters Weg als Maler führte vom Historismus über Phasen impressionistischen und symbolhaltigen Schaffens hin zu seinem farbensprühenden Spätwerk. Schmid sieht ihn als Vorkämpfer der modernen Malerei. Nur als solcher kaum erkannt und noch immer ungenügend gewürdigt. 1939 stirbt Julius Exter im Alter von 76 Jahren in seinem Haus an Herzschwäche. Begraben liegt er auf dem Pfarrfriedhof von Übersee.

Gleichwohl lebt sein Geist im Hause fort. Auf einer Staffelei steht ein Selbstporträt des Malers, so als ob er im Raume weilt und die Besucher bittet, doch auf einem der Stühle Platz zu nehmen.

Mehr als 15 000 Besucher finden jährlich den Weg in die Bohème im Ortsteil Feldwies der Gemeinde Übersee. Monika Kretzmer-Diepold begrüßt nahezu jeden persönlich. Manchmal hält sie ein sehr intensives Privatissimum zu Leben und Werk des Malers ab. Und besonders darüber, was nach dessen Ableben passierte. So ist zu erfahren, dass Exters Tochter Judith (1900 bis 1975), eine Bildhauerin, den gesamten Nachlass dem Freistaat Bayern, vertreten durch die Schlösser- und Seenverwaltung, gegen eine kleine Leibrente übergab – das 500 Jahre alte Haus samt 3000 Quadratmeter großem Grundstück, etwa 700 Exter-Gemälde, hunderte von Zeichnungen und ihre persönliche Habe. Die Tochter lebte als letzte Exter in dem Anwesen.

Als Kind zieht es die kleine Monika zu Judith Exter. Sie fragt der »hageren, alten Frau«, die mit vielen Tieren lebt, ein Loch in den Bauch. Judith hat das Haus am Chiemsee nie verändert – auch, weil ihr das Geld dazu fehlte. Sie lebt in ärmlichen Verhältnissen. Bilder aber will sie um keinen Preis verkaufen. Ihr Traum war eine Stätte zum Gedächtnis an den vergötterten Vater. »Mein Hauptwunsch ist die Erhaltung der Gedenkstätte für Julius Exter, mit seinen Werken aus den verschiedenen Schaffensperioden, in Feldwies, in dem Haus des Künstlers«, hatte Judith Exter 1973 an die Schlösserverwaltung geschrieben.

Doch wie bei der Villa von Hans Albers am Starnberger See galt offenbar auch in diesem Fall der Wille der Tochter nicht viel. Fünf Jahre lang dauerte es nach Judith Exters Tod, bis ihr Wunsch endlich in Erfüllung ging. 1979 fällt Monika Kretzmer-Diepolds Augenmerk wieder auf das inzwischen völlig heruntergekommene alte Haus, das sie einst faszinierte. Nur 600 Meter entfernt steht ihr eigenes Elternhaus. Die kleine Monika von damals arbeitet inzwischen als Freie Journalistin. Das Anwesen war nach einem gescheiterten Verkaufsversuch privat vermietet worden, und zwar an einen Münchner Stadtrat. Der Mietvertrag war rechtskräftig. Aber die Ministerialen hatten wohl nicht mit einer derartigen Hartnäckigkeit gerechnet. Monika Kretzmer-Diepold »krempelte die Ärmel hoch« und suchte sich Verbündete. 1979 gründete sich ein gemeinnütziger Verein

Julius Exter ist persönlich in seinem Atelier anwesend, in Form eines Selbstporträts.

namens »Kunsthaus Übersee-Feldwies«, der es sich zum Ziel setzte, das marode Exter-Haus zu retten und als Museum der Öffentlichkeit zugänglich zu machen. Monika Kretzmer-Diepold und der neue Verein erbaten Schützenhilfe, so auch von der Gemeinde und von Alois Glück, damals Landtagsabgeordneter des Stimmkreises Traunstein und späterer Landtagspräsident. Am 1. Juni 1980 konnte das »Künstlerhaus Exter« als Galerie und Museum in seiner ursprünglichen, vom Künstler geprägten Form, eröffnet werden. Die Bayerische Schlösserverwaltung steckte im Lauf der Jahrzehnte viel Geld in die Sanierung und bis ins Detail vorbildhafte Restaurierung des Hauses. Monika Kretzmer-Diepold, die seit April 1980 in dem Museum auch wohnt, hat selbst mitgewerkelt. 1984 wurde das komplette Anwesen unter Denkmalschutz gestellt.

Seit der Eröffnung des Exter-Hauses gab es über 100 Ausstellungen. Dabei stellte sich heraus, dass in den ersten Jahren andere Maler mehr Besucher anlockten als der frühere Hausherr mit seinen Bildern. Exter war quasi vergessen. Inzwischen hat sich das geändert. Exter-Ausstellungen sind zum Selbstläufer geworden. »Mein Anliegen ist, dass der Maler und sein unverwechselbares Werk nie wieder in der Versenkung verschwinden« – bekräftigte Monika Kretzmer-Diepold anlässlich des 40-jährigen Bestehens der Museumsgalerie am 1. Juni 2020. Etwa 100 Originalgemälde des »Farbenfürsten« sind in jedem Sommer zu sehen, dazu weitere 150 Werke in der »Gemäldegalerie Julius Exter« im ehemaligen Augustiner Chorherrenstift auf der Herreninsel.

Mehr als die Hälfte ihres Lebens hat Monika Kretzmer-Diepold in das Exter-Haus gesteckt, es ist ihr Lebenswerk. Mittlerweile ist sie ins Plaudern gekommen, die Besucher hören ihr gebannt zu. In diesen Momenten ist sie ganz »Frau Exter«.

Weitere Informationen:
www.schloesser. bayern.de, www.natur-erlebnis-chiemsee.de

»Alles muss picobello aussehen«

Das Spannungsverhältnis zwischen Tourismus und Naturschutz / In Memoriam Michael Lohmann

Eine attraktive Ferienregion wie der Chiemsee erzeugt fast notgedrungen ein Spannungsverhältnis zwischen Tourismus und Naturschutz. Kaum ein zweites Gebiet in Deutschland weist so viele verschiedene und naturkundlich interessante Lebensräume auf wie der Chiemsee und seine Umgebung. Keiner kannte dieses Dilemma besser als Michael Lohmann (1933 bis 2013), passionierter Naturschützer aus Feldwies. »Die Gemeinden tun sich schwer mit neuen Konzepten. Einerseits wollen sie Naturtourismus, andererseits stehen sie dem Naturschutz eher skeptisch bis ablehnend gegenüber«, sagte der Verfasser des Standardwerks »Chiemsee-Naturführer« bei unserem 2010 geführten Gespräch. Lohmann war sehr dafür, den Urlaubern die geschützte Natur zu zeigen, jedoch ohne diese kaputt zu machen. Auf seine Initiative hin entstanden rund um den See neun Beobachtungstürme und -stationen: Irschener Winkel, Hütte an der Prienmündung, Ganszipfel, Seebruck, Chieming, Hagenau, Hirschauer Bucht, Lachsgang und Kendlmühlfilzn. So gelang es in vorbildlicher Weise, den Menschen, die Ruhe und Natur suchen, das gewünschte Erlebnis zu verschaffen, ohne sensible Natur zu zerstören. 30 Prozent der Kosten für die überdachten Kanzeln übernahmen die beteiligten Gemeinden, 40 Prozent deckten Fördermittel der Europäischen Union, den Rest legte der Abwasser- und Umweltverband Chiemsee drauf. Eine engagierte Truppe von Naturführern bietet ganzjährig geführte naturkundliche Wanderungen an. Informationstafeln über Naturschutzgebiete und deren schützenswerte Raritäten entlang des Uferwegs klären die Besucher auf. Die Türme werden sehr gut angenommen. Viele Besucher haben zwar nicht viel am Hut mit der Natur. Sie sind aber dann doch beeindruckt von der Ruhe und den seltenen Tieren.

Ein wichtiges Rückzugsgebiet für viele seltene Vogelarten bietet das Delta der Tiroler Achen.

Obwohl die Seegemeinden beim Naturerlebnis zunehmend miteinander wetteiferten, hapere es oft am einschlägigen Verständnis in manchen Rathäusern. »Die Ansässigen wissen den Wert ihrer Natur noch nicht zu schätzen«, stellte Lohmann fest. Er erwartete mehr Unterstützung für seine Bemühungen. Doch das sei sehr zäh. Es beginne schon bei der Pflege der Wegränder. Wie ein Rufer in der Wüste plädierte Lohmann dafür, nicht durch ständiges Mähen alle Blüten gerade dort zu vernichten, wo man sie ohne zu stören vorzeigen und studieren kann. Gemeindeväter und Bauhofpersonal wollten aber, dass alles picobello aussieht, wenn die Feriengäste kommen. Daran hat sich wenig geändert. Das Insektensterben und die Forderung von Blühstreifen haben den Biologen eindrucksvoll bestätigt.

Oder das Gebiet um den Rottspitz westlich von Übersee. Sehr zum Ärger vieler Familien hat sich dort ein FKK-Badestrand zu einem Homosexuellen-Treffpunkt entwickelt. Was dazu geführt hat, dass nun die Ruhezone zum Baden benutzt wird. Lohmann wünschte sich, dass die Ämter entschiedener für den

Der Biologe Michael Lohmann war ein ausgewiesener Kenner der Fauna und Flora rund um den Chiemsee.

Schutz des Gebiets eintreten. Das Südufer sei durch die Autobahn ohnehin schon sehr entwertet. Sie soll sogar sechsspurig ausgebaut werden. »Wenn die Autobahn schon sein muss«, argumentierte Lohmann, »dann sollten wenigstens Ausgleichsflächen gekauft werden, zum Beispiel am Rottspitz. Das wäre ein guter Handel.«

Auch die Radler seien mittlerweile zum Problem geworden. An einem schönen Wochenende umrundeten bis zu 7000 den See. Deshalb wird der Radtourismus nicht mehr beworben. Der Abwasser- und Umweltverband Chiemsee, zuständig für die Radwege, plant sogar, dort, wo es möglich ist, die Wege zu verbreitern oder Fuß- und Radwege zu trennen. Jene Radler, die »mit Karacho durchbrettern«, störten die Fußgänger. Andererseits seien Umleitungen, die zum Teil weit weg vom See verlaufen, eine Zumutung für die gemütlicheren Radler.

Michael Lohmann war gebürtiger Berliner. Der Krieg hat ihn mit Mutter und Geschwistern nach Marquartstein verschlagen. Am Chiemsee wächst er auf und besucht die Schule. Während des Biologiestudiums in München veröffentlicht er erste ornithologische Aufsätze. Nach dem Studium arbeitet er am Max-Planck-Institut für Verhaltensphysiologie in Seewiesen und Erling-Andechs im Landkreis Starnberg, anschließend folgen Studien in den USA und Tübingen. 1970 gibt der promovierte Biologe bei Hanser die Reihe »Umweltforschung« heraus. Seit 1975 ist er freiberuflich tätig, schreibt Bücher, hält Vorträge und übernimmt Führungen für den Naturschutzverband. Bekannt ist er für seine ornithologischen Fachgutachten. 2013 stirbt Michael Lohmann kurz vor seinem 80. Geburtstag in Übersee. »Der Chiemsee hat mit ihm einen seiner treuesten Freunde verloren«, schreibt das Oberbayerische Volksblatt aus Rosenheim. Als langjähriger Vorsitzender der Kreisgruppe Rosenheim des Landesbundes für Vogelschutz wirkte Lohmann maßgeblich an den Schutzzonen für das Chiemseeufer mit. Sie sind heute selbstverständlicher Teil des nachhaltigen Naturtourismus.

Den Chiemsee kannte Michael Lohmann mehr als ein halbes Jahrhundert lang. Das Bewusstsein und der Naturtourismus hätten zugenommen, aber »Naturnutzer wie Bauern, Fischer und Jäger machen uns doch immer wieder erhebliche Probleme«, lautete vor zehn Jahren sein Resümee. Die Bürgermeister entstammten oft dieser Schicht und seien mehr den Landwirten verpflichtet. Das Verhältnis zwischen materiellen Nutzern, die mit der Natur Geld verdienen, und dem Naturschutz werde also weiter ein spannungsreiches sein. Wogegen Naturschutz und sanfter Naturtourismus – davon war Lohmann überzeugt – sich gegenseitig fördern.

Der farbenprächtige Eisvogel gehört zu den ganzjährigen Bewohnern des Naturschutzgebietes »Tiroler Achen«. Der Vogel des Jahres 2009 steht in den Nachbarländern auf der »Roten Liste« der bedrohten Arten, bei uns auf der Vorwarnliste.

Weitere Informationen:
www.auv-chiemsee.de,
www.chiemseeagenda.de

Von Übersee nach Bernau

Von Prien, Seebruck und den Inseln aus gesehen, lag die Ansiedlung im Süden des »Bayerischen Meeres« »überm See«. Davon hat Übersee seinen Namen. Nach dem Bahnübergang biegen wir nach rechts in die Feldwieser Straße ein. Bereits nach wenigen Metern weist ein Schild nach links zum Exter-Kunsthaus. Schräg gegenüber lädt der schattige Biergarten des urigen Wirtshauses D'Feldwies zur Rast ein. 1554 erstmals urkundlich erwähnt, war das Haus über die Jahrhunderte eine Tavernwirtschaft. Der Chiemsee reichte damals noch bis auf 200 Meter an das Haus heran. Die Fischer betrieben einen Fährdienst zu den Inseln. Reisende verbrachten oft eine Nacht in der Taverne, bevor sie übersetzten. Häufige Besitzerwechsel führten in der Folgezeit zu einem Niedergang der Wirtschaft. Sie stand lange leer, bis es den Überseern zu bunt wurde. Sie wollten wieder ein Gasthaus haben. In einer einmaligen Aktion taten sie sich zusammen und gründeten eine »AG«. Die gab 1500 Aktien zu je 100 Euro aus. Dazu kamen 7500 Stunden Eigenleistung von Schreinern, Malern und Installateuren. Kirchenmaler restaurierten die originalen Fresken an der Hausfassade. Seit 2004 werden unter dem Gewölbe wieder bayerische Schmankerln wie Saures Lüngerl, Ochsenbrust und Schweinsbraten serviert. Bei unserem Besuch besorgte das eine nette tschechische Bedienung.

Ganz in der Nähe biegt von der Feldwieser Straße der Hochfellnweg ab. Dort befindet sich der Naturpavillon Übersee (www.wiesmuehl-uebersee.lbv.de), eine gemeindliche Einrichtung. Die Fachbetreuer vom Landesbund für Vogelschutz geben gern Auskunft, was in den Schutzgebieten am südlichen Chiemsee bemerkenswert ist. Ausstellungen befassen sich mit dem

Auge in Auge mit einem Uhu steht der kleine Tim im Naturpavillon von Übersee. Ausstellungen und Veranstaltungen sind kindgerecht gestaltet.

Sinnesleistungen der Eulen
Sehen - Tag und Nacht
LBV
Häutige Falten zwischen innerem und äußerem Schleier
Millimeter genau zu lokalisieren
Das ermöglicht z. B. einer Schleiereule
den Beutefang in völliger Finsternis!

Naturraum Chiemgau. Dabei wird Wert auf eine lebendige und kindgerechte Gestaltung gelegt. Naturexkursionen runden das Angebot ab.

Wer so schlau war und für die Seeumrundung mehrere Etappen einplante, der hat jetzt Zeit und Muße zu einem kurzen Abstecher über die Autobahn nach Norden auf die Feldwieser Halbinsel. Die Einheimischen nennen sie »Gamer Zipf«. Hinter Baumgarten geht es zunächst nach rechts in den Heinrichswinkel zum Naturbeobachtungsturm »Lachsgang«, vor dem das Achendelta liegt. Es folgt noch am Ostufer die Nikolauskapelle. Sie wurde um die Mitte des vorigen Jahrhunderts aus Dankbarkeit für die glückliche Rettung aus Seenot gestiftet. Zwei Votivtafeln erzählen davon.

Auf dem Rückweg passieren wir das Strandbad und die Seewirtschaft. Auf dem Seeweg geht es unter der Autobahn durch und entlang des Überseer Baches. Wir folgen der Beschilderung des Achental-Radweges zurück ins Zentrum von Übersee. Hinter der Touristinformation an der Feldwieser Straße führt ein Fußweg in Richtung Kirche. Hier schieben wir die Räder, da wir ohnehin bald wieder absteigen müssten. Wir unterqueren ein massives Steinviadukt, das noch aus den Anfängen der Bahnlinie München-Salzburg vor 160 Jahren stammt. In einem schattigen kleinen Park bietet eine Kneipp-Anlage am Überseer Bach die willkommene Gelegenheit, die »dampfenden« Füße zu kühlen. Die stattliche Pfarrkirche St. Nikolaus, im Volksmund auch »Überseer Dom« genannt, wurde von 1902 bis 1904 als eines der letzten Gotteshäuser Bayerns im neugotischen Stil errichtet und steht unter Denkmalschutz. Die gotische Vorgängerkirche stand oft unter Wasser, weil die Tiroler Achen bis zur Tieferlegung des Seewasserspiegels regelmäßig den Ort überschwemmte. Außerdem war sie für den wachsenden Ort zu klein geworden. Nach einer Rast im Gasthof »Hinterwirt« geht es weiter über die Dorf-, Ring- und Hocherlacher Straße über die Wessener Straße zum Westerbuchberg. An einer Weggabelung biegen Unverdrossene nach links ab und bewältigen den kurzen, aber steilen Anstieg zum Westerbuchberg. Bis zum Aussichtspunkt ein Umweg von zwei Kilometern, aber der Abstecher lohnt sich. Bereits unter Kaiser Augustus (63 v. Chr. bis 14 n. Chr.) hatten die Römer die strategische Bedeutung des 603 Meter hohen Hügels erkannt und vermutlich ein kleines Kastell errichtet. Im Süden öffnet sich das Achental, man hat auch eine gute Aussicht auf das Naturschutzgebiet Kendlmühlfilzen. Das Kirchlein St. Peter und Paul stammt aus gotischer Zeit, die Fresken aus den Jahren 1410 bis 1425. Die Steine der Südmauer haben noch die Römer behauen. Die Kirche auf dem Westerbuchberg gehört damit zu den ältesten Kirchen am südlichen Chiemsee.

Es bietet sich aber auch der bequemere Weg nach rechts am Berg entlang an. Er heißt Angerling und dann Wessen. Auf dem Gelände übt die Strafvollzugsanstalt Bernau hoheitliche Rechte aus. Nach einem Gehöft mündet der Wessener Weg in eine Schotterstraße, die zur Bahnlinie und zum Torfbahnhof führt. An der Bahn entlang erreichen wir Bernau.

Wie einst die Fischer von der Fraueninsel, wendet dieser Landwirt das Heu auf den Wiesen jenseits der Salzburger Autobahn.

Die Attraktion der »grünen Sachen«

Der Landwirt und Hobbyarchäologe Sebastian Aringer präsentiert seine Funde aus der Kelten- und Römerzeit im eigenen Museum auf dem Höhenberg

Angefangen hat alles mit einem Glaskasten in der Gaststube des Bauernhofs auf dem Höhenberg bei Aschau im Chiemgau. Dort stellte Hausherr Sebastian Aringer seine Schätze aus, die er seit dem Jahr 2006 mittels einer Metallsonde rund um den Hof aufgespürt hatte. Das erste Stück war eine »Kniefibel«, mit der die Römer einst ihr Gewand zusammensteckten. Komplett erhalten, mit allem Drum und Dran. Da packte den gelernten Mechaniker für landwirtschaftliche Maschinen und verheirateten Vater dreier Kinder das Jagdfieber. Dem ersten Kasten folgte bald ein zweiter, ein dritter und ein vierter. Inzwischen hat der Hobbyarchäologe seine Fundstücke in einem Stadel untergebracht – seinem Museum. Voller Stolz zeigt er es Besuchern aus nah und fern. Die meisten Objekte stammen vom Höhenberg. Zu jedem einzelnen Stück weiß er etwas zu erzählen. Sei es der Fundort, die Besonderheit als Grabbeigabe oder die Verarbeitungsweise. Den exponierten Höhenberg haben vermutlich auch schon frühere Bewohner geschätzt. Weit reicht der Blick über die Gemeinde Aschau mit ihrer barocken Kirche und der Burg Hohenaschau bis hin zu den Bergen.

Bereits als kleiner Bub macht sich Sebastian Aringer Gedanken über die Archäologie. Was das denn koste. Doch altersgemäße Hobbies wie Radeln und Bergwandern spielen eine größere Rolle. Als er dann eine eigene Familie hat und die Kinder größer sind, lernt der Sohn bei einer Bernauer Firma Kfz-Mechaniker. Eines Tages bringt er eine Sonde mit heim. Die beiden probieren sie aus. »Wir haben aber nur Eisennägel und ‚G'lump' gefunden.« Wenig später stößt er auf einem Floh-

Der Landwirt und Hobby-Archäologe Sebastian Aringer betrachtet das Foto eines goldenen Colliers aus der Zeit um 1200 v. Chr. Die Goldscheiben sind sein bisher spektakulärster Fund.

markt in Ebbs bei Kufstein auf archäologische Artefakte, Gegenstände, die Menschen früherer Zeiten hergestellt haben. Er kommt mit dem Verkäufer ins Gespräch, der von einem einschlägigen Stammtisch in Raubling erzählt. Einer verkaufe ein solches Suchgerät. Bald gehört die Sonde Sebastian Aringer. Er lässt sich noch erklären, wie man das Gerät einstellt, und schon geht's los. Nach der Kniefibel findet er »grüne Sachen«, offenbar Gegenstände aus Bronze. Ein kundiger Sondengänger, der viele Funde im Achental gemacht hat, gibt ihm Tipps. Immer öfter schlägt die Sonde an. Aringer kauft Fachliteratur, liest sich ein. Wenn er von der Arbeit in einer Kompostieranlage, seinem Brotberuf, heimkommt, schmökert er in seiner Bibliothek. Sie umfasst mittlerweile »60 laufende Meter«. Nach einiger Zeit kennt er sich in der Bronzezeit ebenso aus wie bei Kelten und Römern.

Mit dem Fund des ersten Grabes wird die Archäologie für Sebastian Aringer endgültig zur Bestimmung. Als er im Boden auf verbranntes Material stößt, weiß er instinktiv, dass er ein Grab aus der Bronzezeit vor sich hat. Um die 3000 Jahre alt. In jener Zeit wurden die Toten mit Grabbeigaben auf einem Scheiterhaufen verbrannt. Ihre Asche samt der geschmolzenen Utensilien wie Schmuck und Waffen kam in Tongefäße, die man auf Urnenfeldern neben dem Brandplatz in geringer Tiefe eingrub. Wieder helfen persönliche Beziehungen weiter. Ein ehemaliger Schulkamerad, inzwischen Spezialist für römische Archäologie, rät ihm, die Funde zu melden. »Da habe ich mich ehrlich gemacht.«

Die Gesetzeslage in Bayern als nunmehr einzigem Bundesland sieht in diesem Fall vor: die Hälfte des gefundenen Objekts gehört dem Grundstücksbesitzer und die Hälfte dem Finder. Aringer muss aber beim Grundstücksbesitzer anfragen, ob er suchen darf. Ist er der Finder und liegt der Fundort auf seinem Grund, darf er alles behalten.

In einem Stadel seines Bauernhofs auf dem Höhenberg bei Aschau betreibt Sebastian Aringer ein Fundmuseum. Hier sperrt der Chef gerade die Tür zu seinen Schätzen auf.

Bei den Ausgrabungen kommt es natürlich auch auf das Wie an. Für die Wissenschaft verlieren Fundstücke, die »Raubgräber« mit der Sonde aufspüren und aus der Erde reißen, erheblich an Aussagekraft. Denn es fehlen Hinweise auf die Beschaffenheit des Bodens, eventuelle Verfärbungen und die genaue Lage. Für die Rekonstruktion prähistorischer Lebensverhältnisse ist ein solches Objekt nahezu wertlos. »Erst wenn es gelingt, es in ein großräumiges Geflecht unterschiedlicher archäologischer Informationen einzubinden, lässt sich auch von der im Erdboden schlummernden Vorgeschichte ein facettenreiches, lebendiges Bild nachzeichnen«, schreibt der Archäologe Werner Zanier in einem Aufsatz zur Vor- und Frühgeschichte des Prientals. Der gebürtige Aschauer ist wissenschaftlicher Mitarbeiter der Bayerischen Akademie der Wissenschaften.

Als Sebastian Aringer fünf weitere Urnengräber entdeckt, belässt er die georteten Gegenstände im Boden und meldet den Fund dem Bayerischen Landesamt für Denkmalpflege. Ein Fachmann fährt nach Aschau, stuft die Funde wegen ihrer Lage als gefährdet ein und erteilt eine Grabungsgenehmigung. Aringer beauftragt einen Archäologen aus Bad Tölz mit der Bergung und ist selbstverständlich mit von der Partie. Es handelt sich um Gräber aus der Bronzezeit und ein frühes Römergrab. Fibeln, eine Lanzenspitze und Messer kommen allmählich ans Tageslicht. Das Team stößt noch auf ein sechstes Grab, gräbt es an, misst es ein, schüttet es aber wieder zu. Weil die Fläche im Bayernatlas als Bodendenkmal verzeichnet ist, erhalten auch Grabräuber davon Kenntnis und räumen es aus.

Wie ein missglückter Kuchen sehen diese 3000 Jahre alten Grabbeigaben aus der Bronzezeit aus. Die Leichen wurden damals verbrannt. Ihre Utensilien wie Schmuck und Waffen verschmolzen dabei zu diesem Klumpen.

2015 bremst ein Herzinfarkt den Eifer des Hobbyarchäologen. Fortan lässt er es langsamer angehen. Bei einer Bergtour piepst die Sonde immer wieder in unterschiedlichen Tönen. Ein Hinweis auf Buntmetalle und Eisen. Aringer legt hauchdünnes Goldblech mit eingestempelten Verzierungen frei. Schmuck aus der Bronzezeit, offenbart die Literatur. Eines Tages entdeckt er an jenem »Berg im Priental« – den Namen will er aus naheliegenden Gründen nicht verraten – römische Fluchthöhlen, eine große Seltenheit. Sie stammen aus der Zeit von 194 bis 256 n. Chr. In dieser Zeit häuften sich die Einfälle der Alemannen in die römische Provinz Noricum, zu der auch der heutige Chiemgau gehörte. Die Bewohner der römischen Gutshöfe (villa rustica) zogen sich daraufhin im Sommer monatelang in die Höhlen zurück, wobei sie ihr gesamtes Hab und Gut mit hinauf schleppten: Waffen, Werkzeuge, Schmuck und Keramik. Es fand sich auch eine Feuerstelle.

Irgendwann scheint es aber zu gefährlich geworden zu sein. Hals über Kopf wurden die Höhlen verlassen. Auf ihrer Flucht ließen die Römer alles zurück. Das sind die Gegenstände, die Aringer heute frei legt. An die 600 bis 700 Metallobjekte, die er erst noch restaurieren muss. Dafür leistet er sich eigens einen Kurs in Eisenrestaurieren und kauft ein spezielles Feinstrahlgerät. Die Grabungskampagne dauert drei Wochen. »Mein ganzer Urlaub ist draufgegangen.« Die Archäologen hängen an einem Seil, das die Bergwacht gespannt hat. Aringer gräbt noch eine Laufbefestigung in den Steilhang, damit die Studenten aus Bamberg nicht abstürzen.

Am Berg kommt er mit vielen Leuten ins Gespräch. Alle zeigen sie großes Interesse. Das macht ihm Spaß. Als Nichtstudierter sieht er es als Ehre an, dass Professoren und Doktores aus ganz Bayern und Österreich auf den Höhenberg kommen und sein Museum bewundern. Anfangs habe Gattin Elisabeth »ein bisserl gemurrt«, wenn er jeden Abend zwei bis drei Stunden mit der Sonde unterwegs war. Aber Elisabeth Aringer hat selbst ein Faible für vergangene Zeiten. Zusammen mit einer Handvoll gleichgesinnter Bäuerinnen bringt sie Feriengästen die Kulturgeschichte der Höfe näher. So fand der Geigerhof, seit 1929 Heimat der Aringers, erstmals 1550 urkundliche Erwähnung. Er war ein Leibgeding des Klosters Herrenchiemsee. Seit den 1930er-Jahren vermieten die Aringers Gästezimmer mit »Auskochen«, das bedeutete Vollpension. 1995 übergibt der Vater den Hof mit 13 Hektar Land und zwölf Kühen. 2003 hört Sebastian Aringer mit der Milchviehhaltung auf. Die Landwirtschaft mit 14 Kalbinnen betreibt er weiter.

Spektakulär ist der Fund eines goldenen Colliers aus der Zeit um 1200 v. Chr. Sogar das Bayerische Fernsehen berichtet darüber. Allerdings sind die 30 bis 35 Goldscheiben samt einem Frauenbrustschmuck, einem Pectorale, nur noch Fragmente, da der Schmuck »rituell zerstört« wurde. Aringer ist begeistert von der Feinheit der Arbeit. So sind die Golddrähte tortiert, das heißt gewunden, und zu feinen Spiralen gedreht. »Wie die das ohne Lupe machen konnten!« Diesen Fund hat er als bisher einzigen an die Archäologische Staatssammlung verkauft. Wegen der komplizierten Thematik lässt sich Aringer bei den Verhandlungen von einem Fachanwalt vertreten, »damit die mich nicht über den Tisch ziehen«.

Grabungen mit Spezialfirmen sind nicht ganz billig. Um Geld zu sparen, arbeitet er vor und nimmt schon mal den Oberboden ab. Von da an wird je nach Objekt gepinselt und mit dem Messer gekratzt, um den Fund freizulegen, Millimeter für Millimeter. Immer fort, bis nichts mehr kommt. »Bei der ersten Grabung hätt's mich fast zerrissen, weil es so langsam ging. Das ist hochspannend, weil man nicht weiß, was herauskommt.« Kurz bevor das Objekt umfällt, wird es eingemessen, nummeriert und mit einer hochauflösenden Kamera fotografiert. Dann wird es entnommen und an seiner Stelle ein Nagel eingesteckt.

Auf dem Höhenberg bei Aschau steht der Geigerhof der Familie Aringer. In einem Nebengebäude hat der Hausherr sein »Fund-museum« untergebracht.

»Jedenfalls«, sagt Aringer im Brustton der Überzeugung, »habe ich denen vom Landesamt bewiesen, dass es kein Larifari ist. Es bleibt nach meiner Zeit bestehen.«

Die Zunft der Archäologen lobt den begeisterten Sondengeher. Seine Sammlung werde auch für die Wissenschaft bedeutend, »denn es gibt zu fast allen Funden eine Markierung des Fundortes auf maßstabsgetreuen Luftbildern sowie Angaben zur Fundtiefe und Beschaffenheit des Bodens«. Die wichtigsten archäologischen Fundstücke des Museums vom Ende der Steinzeit bis zu den Römern hat die Rosenheimer Archäologin Cordula Nagler-Zanier 2013 untersucht und das Ergebnis in einem Buch veröffentlicht: »Die bronzezeitlichen Funde der Sammlung Aringer aus Aschau i. Chiemgau.« Herausgegeben hat es der Heimat- und Geschichtsverein Aschau. Nagler-Zanier bewies anhand von Aringers Funden, dass das Priental bereits in der vorgeschichtlichen Zeit ein Zentrum der Metallverarbeitung war. Vermutlich haben dort seit Ende der Eiszeit Menschen gelebt.

Laut Werner Zanier setzt um 700 n.Chr. die auf Schriftquellen fußende Ereignisgeschichte ein. Sie sei vornehmliches Arbeitsfeld der Historiker. »Wenn wir also etwas über die Geschichte unserer Heimat von der Steinzeit an bis zum frühen Mittelalter erfahren wollen, brauchen wir archäologische Funde, aus deren Beschaffenheit und Lage die Wissenschaftler die Geschichte rekonstruieren können. Sebastian Aringer aus Höhenberg, Gemeinde Aschau i. Chiemgau, ist ein begeisterter Sondensucher, der mit großem Verantwortungsgefühl und fundierten

Unzählige Fundstücke aus der Bronzezeit bis zu den Römern, Werkzeuge, Waffen, Äxte, Bein- und Armreifen, präsentiert Sebastian Aringer in selbst geschreinerten Vitrinen dem interessierten Betrachter.

archäologischen Kenntnissen, die er sich im Laufe seiner spannenden Tätigkeit aneignete, diese Fundsuche betreibt.«

Im Rahmen des EU-Projekts »Römerregion Chiemsee« sollen alle archäologischen Funde auf dem Gemeindegebiet Aschau für ein breiteres Publikum erfahrbar und erlebbar gemacht werden. Dazu gehört auch das Fundmuseum Aringer. Als Basis für die weiterführende Forschung soll ein Fundkatalog erstellt und mit Fotos illustriert werden.

Als das Hobby des Vaters neu war, sind Aringers Kinder noch mitgegangen. Dann wurde es schnell langweilig. Jetzt hofft Aringer auf seine vier Enkel. Im Lauf der Jahre hat der Hobbyarchäologe vom Höhenberg 400 Fundstücke von den Römern – Fibeln, Münzen, Schmuckstücke, Werkzeuge, Waffen, sowie 300 Objekte aus der Bronzezeit – Werkzeuge, Waffen, Teile eines Pferdegeschirrs, Äxte, Arm- und Beinreifen – zusammengetragen. Ältestes Stück ist ein mehr als 6000 Jahre altes kleines Kupferbeil aus dem Priental. Dazu besitzt er als »Beifang« eine große Sammlung neuzeitlicher Hinterlassenschaften. Darunter sogenannte Gweichtl. Das sind geweihte kleine Amulette aus Messing und Bronze, welche die Bauern in vergangenen Jahrhunderten meist auf Wallfahrten kauften, um sie in ihre Felder zu werfen. Das sollte vor Hagel schützen. Seit grauer Vorzeit herrscht der Aberglaube, dass man Opfer bringen muss, um das Schicksal gnädig zu stimmen.

Alle diese Fundsachen passen längst nicht mehr in den Glaskasten der Gaststube, mit dem alles begann.

Das »Fundmuseum Höhenberg« ist donnerstags von 18 bis 20 Uhr geöffnet und nur mit Führung und einem Beitrag von fünf Euro zu besichtigen. Adresse: Sebastian Aringer, Höhenberg 15, 83229 Aschau, Tel: 08052/2596.

Wie in nahezu allen Orten rund um den Chiemsee ließen sich wohlhabende Römer auch in Bernau nieder. Archäologen fanden am »Haus des Gastes« die Grundrisse einer Villa Rustica. Offenbar gab es ein römisches Bad, denn der heutige Luftkurort war bei den Legionären wegen seines gesunden Klimas beliebt. Die markant den Ort beherrschende Pfarrkirche ist dem Heiligen Laurentius geweiht, einem römischen Märtyrer. Unter Kaiser Valerian soll er 258 n. Chr. auf einem glühenden Rost gemartert worden sein. Im 12. Jahrhundert war St. Laurentius eine Filialkirche von Prien. Als die Bevölkerung anwuchs und die Kirche zu klein wurde, ersetzte man sie 1926 durch eine neue, behielt aber den alten Turm bei. Gleich daneben steht, wie es sich für ein bayerisches Dorf gehört, das Wirtshaus. Breit und behäbig liegt der »Alte Wirt« am Kirchplatz. 925 wurde das Anwesen erstmals urkundlich erwähnt, 1697 wurde es zum Wirtshaus umgebaut. Ein Fresko an der Hauswand kündet davon, dass Kaiser Maximilian I. im Landshuter Erbfolgekrieg auf seinem Zug gegen die Veste Marquartstein am 26. Oktober 1504 hier übernachtete. Ein zweites Bild zeigt Bernauer Bauern beim Fuhrdienst, den sie im Nebenerwerb von und nach Österreich über Sachrang betrieben. Eine so lange Tradition hat das »Badehaus« im Ortsteil Felden noch nicht. Ende der 1990er-Jahre wurde der moderne Bau mit viel Glas und Metall direkt am Ufer errichtet.

Etwas versetzt hinter Kirche und Gasthof liegt das »Bonnschlössl«. Der Hofschauspieler Ferdinand Bonn (1861 bis 1933) gab ihm den Namen. Zahlreiche Geschichten ranken sich um das turbulente Leben des Mimen. Heute gehört das Schlössl mit den vier Türmen der Wirtsfamilie Stolz, die es als Hotel

Interessante Perspektiven bieten sich von den Höhen um Hittenkirchen auf den Chiemsee. Hinter der Kirche St. Bartholomäus scheint das »Hitler-Rasthaus« zu liegen.

betreibt. Fragt man im Rathaus nach weiteren bekannten Persönlichkeiten in Bernau, sprudelt es regelrecht aus den Herren heraus. Der erfolgreiche, aber heute weitgehend in Vergessenheit geratene Theaterschriftsteller Rudolph Stratz (1864 bis 1935) lebte hier, der Chirurg und Ärztekritiker Julius Hackethal (1921 bis 1997), die Schauspielerin Elisabeth Flickenschildt (1905 bis 1977). Seit 1959 hatte die Bildhauerin Marianne Lüdicke (1919 bis 2012) ihr Atelier im Ortsteil Weisham.

Aber Bernau hat noch mehr zu bieten: Wer geglaubt hatte, dass die vier Steinfiguren am Treppenaufgang vor der Staatsbibliothek in München echt sind, der irrt. Die Originale der Herren Homer, Hippokrates, Thukydides und Aristoteles aus dem Jahr 1843 zieren den Pausenhof der Grundschule Bernau. Hintergründe verrät die Homepage der Schule. Bei mehreren Luftangriffen ab März 1943 waren Gebäude und Freitreppe der Staatsbibliothek stark beschädigt worden. Die Figuren stellte man daraufhin in einem der Innenhöfe ab, von wo aus sie den schrittweisen Wiederaufbau der Bibliothek beobachten konnten. Als 1966 der Erweiterungsbau eingeweiht wurde, stellte man auch die Figuren wieder auf, jedoch Duplikate. Der damalige Bernauer Bürgermeister Hugo Decker, ein begeisterter Anhänger des klassischen Griechenlands, hatte die echten Gelehrten auf der Basis eines Dauerleihvertrags bereits 1965 an den Chiemsee geholt. Transport und Aufstellung der Figuren besorgte der amerikanische Kommandant des Rasthauses Bernau, die US Army stellte kostenlos einen Kran zur Verfügung.

Womit die nächste »Attraktion« des Ortes angesprochen wäre, das »Hitler-Rasthaus«. Der Diktator hatte direkt am Chiemsee-Ufer das erste deutsche Autobahn-Rasthaus errichten lassen. Es wurde 1938 eröffnet und steht heute unter Denkmalschutz. Nach der AVUS von Berlin nach Potsdam war die Autobahn München - Salzburg die zweite Schnellstraße dieser Art im Dritten Reich. Während des Krieges diente das Rasthaus als Lazarett. Danach übernahmen es die Amerikaner als Erholungszentrum für ihre Soldaten. Nach deren Abzug 2005 fiel die Liegenschaft, bestehend aus zwei Hotels, Hafen und Badestrand, an den Bund, der sie nach einigen Pannen verkaufte. Der Bau eines Fünf-Sterne-Hotels blieb in der Planungsphase stecken. Dann stieg die Holding von Ernst Freiberger ein, der in der Nachbarschaft den Medical Park betreibt. Das einstige Rasthaus ist seitdem eine Reha-Klinik für Orthopädie.

Am Ortsanfang von Bernau folgen wir nach rechts dem Lauf der Bernauer Achen. Wir unterqueren die Bahn und überqueren nach wenigen Metern die Achen, um dann am rechten Ufer »Am Mühlwinkl« entlangzufahren. Unter der Autobahn durch führt der Weg kerzengerade in Richtung See. In Höhe des Medical Park Chiemsee geht es scharf nach links durch das Bernauer Moos. Im Irschener Winkel steht ein Turm zur Naturbeobachtung. Nun haben wir wieder den Chiemsee-Uferweg erreicht und folgen seiner Beschilderung. Bis zur Harrasser Straße führt der Weg durch unberührte Natur. Dann kündigen Jachthäfen, Werften, Segelclubs, Kliniken und Hotels an der belebteren Straße das nahe Prien an, den Hauptort des Sees. Wir erreichen den Großparkplatz der Chiemsee-Schifffahrt und folgen dann links der Trasse der Schmalspurbahn, die schwarze Wolken und Warnsignale ausstoßend zwischen Schiffsanlegestelle und Bahnhof verkehrt. Der Bahnhof ist erreicht, der Kreis hat sich geschlossen.

Mit mehr als 10000 Einwohnern ist der Markt Prien die größte Gemeinde am Chiemsee. Der Ort war früher eine Handwerker-Siedlung, deren alte Häuser im Viertel »Am Gries« hinter der Pfarrkirche sehenswert sind. Dazu gehört auch das Heimatmuseum. Anhand für den Chiemgau typischer Zimmer erzählt es die Geschichte von Land und Leuten. Die Pfarrkirche »Mariä Himmelfahrt« ist ein spätbarocker Bau. Das 20 Meter lange Deckengewölbe zeigt die »Seeschlacht von

Die Apsis von St. Jakobus in Urschalling: Die Fresken machen das romanische Kirchlein zu einem kunsthistorischen Kleinod.

Lepanto«. Der Hofmaler Johann Baptist Zimmermann, bekannt durch die Wieskirche bei Steingaden, schuf Mitte des 18. Jahrhunderts die Stuckaturen und die Fresken.

Geheimtipps für Abstecher sind die Dörfer und Kirchen auf dem Moränenhügel zwischen Bernau und Prien. Eine wunderbare Aussicht und Stille lässt einen über den Dingen schweben. Allerdings sind vorher 150 Höhenmeter zu überwinden. Da ist zunächst Hittenkirchen (650 Meter). Der Ort wurde erstmals 1180 erwähnt. Die Expositurkirche St. Bartholomäus stammt aus dem 12. Jahrhundert und wurde 1760 barockisiert. Ein paar Kilometer nordwärts liegt Urschalling. Zwischen 1160 und 1200 erbauten die Grafen von Falkenstein hier eine Burg und eine Kirche. Das romanische Gotteshaus St. Jakobus und sein bunter Freskenzyklus sind ein Muss. Die gut erhaltenen Bilder erzählen vom Ringen der mittelalterlichen Menschen mit der Höllenangst und der Hoffnung auf das Paradies. Beim Mesner-Wirt neben der Kirche erholt man sich anschließend von dieser Dramatik. Noch weiter im Hinterland liegt Wildenwart hoch über dem Tal der Prien mit einem Schloss aus dem 17. Jahrhundert. Als 1918 die Revolution in Bayern ausbrach, flüchtete König Ludwig III. (1845 bis 1921) zunächst nach Wildenwart. Später verbrachte der Ex-Monarch hier seinen Lebensabend. Heute wohnt Max Emanuel in Bayern mit seiner Familie im Schloss, Bruder von Herzog Franz, dem Chef des Hauses Wittelsbach. Es kann deshalb nicht besichtigt werden. Dafür ist ein Besuch der Schlosswirtschaft (Ludwigstraße 8, 83112 Frasdorf, Tel.: 08051/2756, www.schlosswirtschaft-wildenwart.de) sehr zu empfehlen, die Herzog Max verpachtet hat. Auf der Speisekarte stehen traditionelle bayerische Spezialitäten und leichte Gerichte der Nouvelle Cuisine. Dazu schenkt Christoph Gelder Bier vom Brauhaus in Tegernsee aus – weil die Brauerei auch dem Herzog gehört.

Im Hinterland von Prien liegt Schloss Wildenwart. Als 1918 in Bayern die Revolution ausbrach, flüchtete König Ludwig III. zunächst hierher.

Durch Filzen und Moose

Eine Begegnung mit der Tiroler Achen, alter Salinen-Technik, einem Moor-Museum und dem Industriedenkmal »Torfbahnhof«

Streckenlänge: 23 Kilometer, reine Fahrzeit 1,5 Stunden, ebene Wege.

Wir starten zur Tour »Filzen und Moose« vom Bahnhof in Übersee, an dem es Parkplätze gibt. Es wird eine Zeitreise in die industriellen Anfänge des Freistaats. Die Tour führt aber auch durch verschlafene Dörfer mit alten Höfen, deren üppiger Blumenschmuck zeigt, wo fleißige Bäuerinnen am Werk sind.

An den Gleisen der Strecke München - Salzburg geht es zunächst nach Osten, dann nach links durch die neue Unterführung und weiter an der Bahn entlang, bis nach etwa 800 Metern die Tiroler Achen erreicht ist. Dort biegen wir nach rechts ab und fahren auf dem Hochdamm des gezähmten Gebirgsflusses den Chiemgauer Alpen entgegen bis nach Grassau. Vor der Brücke nach rechts in den Kreisverkehr und dort nach rechts in Richtung Ortsmitte. Die Pfarrkirche von Grassau, »Mariä Himmelfahrt«, ist mehr als 1000 Jahre alt. Im Turm finden sich noch romanische Fensteröffnungen, an den Außenmauern gotische Stütz- und Strebepfeiler, große Barockfenster und im Inneren Stuckdekoration der berühmten »Zuccalli-Familie«.

Wir folgen jetzt dem Salinenweg in Richtung Rottau, bis auf der linken Seite am Hang eine Häusergruppe auftaucht. Es ist das »Klaushäusl«, die einzige vollständig erhaltene Pumpstation der historischen Soleleitung von den Solequellen in Bad Reichenhall und Berchtesgaden nach Rosenheim. Dort wurde die Sole durch

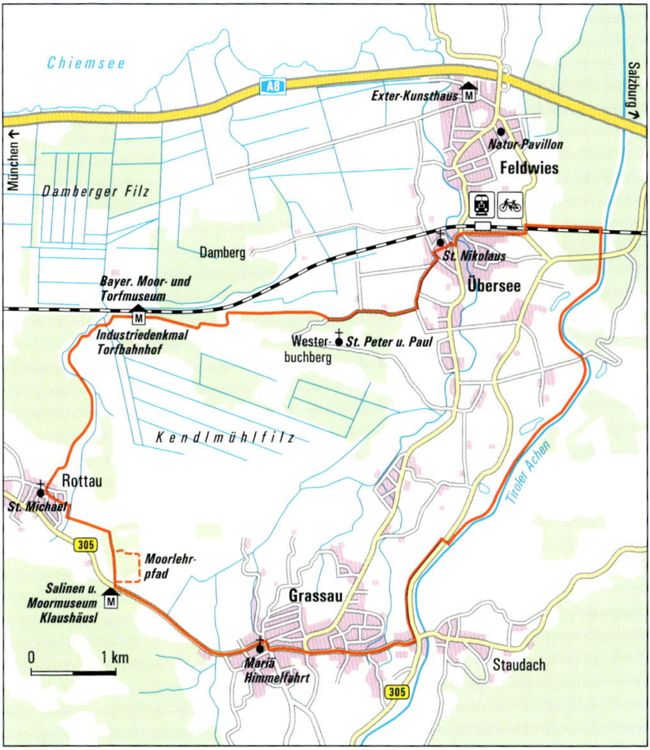

Erhitzen eingedampft, übrig blieb Kochsalz. In einer Zeit ohne Kühlschränke war Salz ein wichtiges Konservierungsmittel und deshalb teuer. Es hieß auch »Weißes Gold«. Die Technik der Soleleitung war damals schon so ausgereift, dass sie sich in den fast 150 Betriebsjahren von 1810 bis 1958 kaum veränderte. Wichtigstes Stück der Anlage ist die Solehebemaschine. Mittels eines wasserbetriebenen Hubkolben-Motors, einer »Wassersäulenmaschine«, förderte sie täglich 300 Kubikmeter Sole. Georg von Reichenbach hat sie so gut konstruiert, dass sie in all den Jahren nicht ausgetauscht werden musste. Das Zeugnis bayerischer Technik- und Wirtschaftsgeschichte drohte nach der Stilllegung zu verfallen, wurde jedoch dank des Engagements heimat- und technikbegeisterter Einheimischer gerettet. Seit 1995 ist es als Museum zu besichtigen.

Seit 2004 beherbergt das Klaushäusl im Wohnhaus des Brunnenwartes auch ein Moormuseum. Dieses gibt den Wanderern Orientierung im Naturschutzgebiet Kendlmühlfilzen, das vor der Haustür liegt, und zeigt, wie ein Moor entsteht. Zu sehen sind auch Fauna und Flora des Moores, etwa Fleisch fressende Pflanzen und Ameisen mit Frostschutz. Schließlich erfährt der Besucher, dass die Flüsse Tiroler Ache und Prien mit ihrem Geschiebe den Chiemsee allmählich zuschütten, so dass er in 7000 bis 8000 Jahren komplett verfüllt sein wird. Zur Kaffeepause lädt ein geschmackvoll eingerichtetes Bistro neben dem Museum. Um ein Gespür für das Moor zu erhalten, empfiehlt sich anschließend ein Spaziergang auf dem Moorlehrpfad Rottau-Grassau. Er beginnt direkt gegenüber dem Museum. Der Rundgang dauert etwa 45 Minuten. Darüber hinaus lassen sich weitere ausgedehnte Moorwanderungen unternehmen. Informationen dazu gibt es im Museum. Nach dem Moorlehrpfad überqueren wir einen Bach, fahren nach links in einen Schotterweg und erreichen bald darauf wieder den gut ausgeschilderten Achental-Radweg, der uns nach Rottau führt. Die Ursprünge der

Von 1810 bis 1958 war diese Solehebemaschine in Betrieb, ohne ersetzt werden zu müssen. Heute ist sie ein Museumsstück.

Pfarrkirche dürften aus sehr früher Zeit stammen, denn »St. Michael« ist ein uraltes Patrozinium. Im Verlauf des Landshuter Erbfolgekrieges wurde die Rottauer Kirche mit sieben Bauernhöfen durch Brand vernichtet. Eine spätgotische Kirche wurde 1548 geweiht, deren Turm in die heutige Kirche integriert. Hinter der Kirche biegt der Weg nach rechts ab zum »Torfbahnhof«. Von dort führt der Sichlerweg, eine breite Schotterstraße, ostwärts zurück nach Übersee. Hier lädt der Gasthof »Hinterwirt« in einem 400 Jahre alten Bauernhof gegenüber der Kirche zur Rast.

Weitere Informationen zum Museum »Klaushäusl« unter www.klaushaeusl.de

Dinosaurier des Industriezeitalters

Einer »Koalition der Willigen« ist es zu verdanken, dass der Torfbahnhof von Rottau gerettet und zu einem sehenswerten Museum umgestaltet wurde

Er könnte gut einen indischen Schlangenbeschwörer abgeben, wie er so mit der Kreuzotter vor den leicht erschrockenen Besuchern herum wedelt. Aber keine Angst, die heimische Viper ist aus Plastik. »Das ist meine RTL-Kreuzotter«, sagt Claus-Dieter Hotz grinsend und spielt damit auf einen Fernsehauftritt seines Haustiers an. Ein echtes Exemplar, die »Filzn-Marie«, ruht eingelegt und damit ungefährlich in einem Glas. Ob echt oder unecht – die Tiere sind Requisiten eines höchst lebendigen Vortrags über das große Thema »Moor und Mensch«.

Auch »Rosalinde« spielt eine tragende Rolle. Die Moorleiche ruht im Hintergrund des Raumes mit auf der Brust verschränkten Armen, abgedeckt in einem Sarg aus groben Holzbrettern.

Wie neueste Untersuchungen ergeben haben, kam die 20- bis 30-jährige Frau im Zeitraum zwischen 1290 und 1440 n. Chr. ums Leben. Ob sie an der Geburt eines Kindes starb, gilt als nicht gesichert. Ein Bagger stieß im Jahr 1957 im Hochmoor »Schwarzer Laich« bei Peiting im Landkreis Weilheim-Schongau beim Abtragen einer Torfwand auf den Sarg. Weil Moorleichen in Bayern nur sehr selten auftauchen, »entführte« man Rosalinde, die merkwürdigerweise nagelneue Stiefel trug, zur wissenschaftlichen Untersuchung ins Deutsche Textilmuseum im fernen Neumünster in Schleswig-Holstein.

Als gelernter Werkzeugmacher und Diplom-Ingenieur ist Erik Baugut technikaffin und eisenbahnbegeistert. Ideale Voraussetzungen für den Vorsitz des Vereins der Freunde des Torfbahnhofs.

Warum die wohlgenährte, katholische Frau aus der gehobenen Gesellschaftsschicht ihr Grab im Moor und nicht auf dem Ortsfriedhof fand, bleibt ein Geheimnis. Vermutlich, so eine frühere Version, galt die ungesegnete Wöchnerin als »unrein« und durfte deshalb nicht auf einem Friedhof bestattet werden. Im Mittelalter hat man auch geglaubt, dass die Frau nach ihrem Tod umherwandere, um sich um ihr Neugeborenes zu kümmern. Das erkläre die neuen Stiefel, sonst hätte man ihr Schlurfen gehört. Recht ernüchternd heißt es aber dazu neuerdings aus der Archäologischen Staatssammlung München: »Dem Befund sind keine Hinweise auf eine besondere Behandlung hinsichtlich eines möglichen befürchteten Wiedergängertums der Verstorbenen zu entnehmen.« Jedenfalls blieb die echte Rosalinde im hohen Norden. Die Bayern erhielten dafür im Jahr 2002 eine gelungene Nachbildung. Und wo wäre »Rosalinde« besser aufgehoben als im bayerischen Moor- und Torfmuseum bei Rottau.

»Bei dem großen Hochwasser Anfang August 2020 ist sie ein wenig von ihrem Platz abgetriftet«, berichtet Erik Baugut, Nachfolger von Claus-Dieter Hotz. Bis er sich 2012 zurück zog, war der frühere Geschäftsleiter der Markt-Gemeinde Grassau Museumsdirektor, Dozent, Entertainer, Arbeiter und Lokführer in einer Person. Ohne Hotz, Jahrgang 1938, und seine Mitstreiter, darunter auch der ehemalige Generalmusikdirektor Wolfgang Sawallisch (1923 bis 2013), der in Grassau wohnte, gäbe es den Torfbahnhof nicht mehr. Der »Dinosaurier des Industriezeitalters«, der sich da am Rand der Kendlmühlfilzen, einem der größten Hochmoore Bayerns, 17 Meter

Die Moorleiche »Rosalinde«, gefunden im oberbayerischen Peiting, ausgestellt im Bayerischen Moor- und Torfmuseum.

hoch auftürmt, ist sein Lebenswerk. Die Anlage steht unter Denkmalschutz und soll möglichst unverfälscht erhalten bleiben, voller Staub auf den Böden und Arbeitsgeräten, so wie in den 20er-Jahren des vergangenen Jahrhunderts, als alles begann.

Nach dem verlorenen Ersten Weltkrieg entwickelt sich der Torfabbau in Bayern zu einem wichtigen Wirtschaftsfaktor. Das brennbare Material wird besonders als Heizstoff gebraucht, denn die Kohle aus dem französisch besetzten Ruhrgebiet bleibt aus. Für den Abtransport des Torfs aus der Kendlmühlfilzen bietet sich die Bahnlinie Rosenheim - Salzburg an, die direkt am Hochmoor vorbeiführt. Private und kommunale Torfunternehmer errichten 1920 bei Rottau eine Verladestelle. Sieben Jahre später folgt der Bau einer Torfstreufabrik, um den Torf an Ort und Stelle versandfertig aufzubereiten.

Häftlinge der Gefangenenanstalt Bernau müssen den Torf stechen. Der Umgang mit Spaten, Grabscheit und Torfmesser ist eine harte, mühevolle Arbeit. Eine Schmalspurbahn befördert das Material in Loren zur Verladestation. Ihr Schienennetz ist 30 Kilometer lang mit eigener Verbindung zur Strafanstalt. »Kam ein Zug mit Häftlingen, haben die Leute gesagt, der ‚Lumpenexpress' ist unterwegs«, erzählte Hotz. Im Bahnhof zerkleinert ein »Reißwolf« den Torf, ein Becheraufzug befördert ihn ins zweite Stockwerk. Rumpelnd und quietschend setzt sich das Ungetüm noch heute bei Vorführungen in Bewegung – allerdings ohne Torf, denn das wäre zu aufwendig, sagt Baugut. Von oben fällt der Torf dann hinunter in die Ballen-Presse. 1940 übernimmt die Gefangenenanstalt Bernau den Betrieb und ist mit einer Unterbrechung von vier Jahren nach dem Zweiten Weltkrieg bis 1971 Betreiber der Anlage.

Wie entsteht Torf? Vor 25 000 Jahren bedeckte eine bis zu 400 Meter dicke Eisschicht die saftigen Wiesen unserer Zeit. Als der Chiemsee-Gletscher abschmolz, bildete sich vor 15000 Jahren der Ur-Chiemsee, im Museum veranschaulicht durch ein Modell. Er war dreimal so groß wie das heutige »bayerische Meer« mit seinen 80 Quadratkilometern. Als das Wasser zurückwich, entstanden in den Verlandungszonen zunächst ausgedehnte Niedermoore, bis dann Torfmoose und Wollgras das Regiment übernahmen und Hochmoore aufwuchsen. Im Unterschied zum Niedermoor hat das Hochmoor keine Verbindung zum Grundwasser. Seine Pflanzen sind auf den Regen angewiesen. Sterben die hochmoortypischen Pflanzen nach unten ab, ergibt das Torf. Tausend Jahre müssen vergehen, bis sich eine einen Meter dicke Torfschicht gebildet hat. In der Kendlmühlfilzen gab es Torfmächtigkeiten von bis zu zehn Metern.

Im Bayerischen heißt das Niedermoor »Moos« und das Hochmoor »Filzen«. In der Rottauer Filzen grub man 1967 einen Bohlenweg aus, der 600 v. Chr. vermutlich zu einem Opfer- und Weiheplatz der Kelten führte. In früheren Jahrhunderten tummelten sich in der Filzen noch Birkhähne. Der Torfabbau hat sie vertrieben. Spätestens an dieser Stelle des Vortrags zauberte Hotz seine Schlangen und die geheimnisvolle Moorleiche aus dem Hut, um unruhige Schulkinder und wissbegierige Erwachsene wieder voll in seinen Bann zu schlagen.

Außer als Brennmaterial diente Torf seit 1860 als vielseitig verwendbare Streu für Stall, Dünger, Isoliermaterial und sogar als Windelpackung. Doch andere Stoffe haben ihn im Lauf der vergangenen Jahrzehnte ersetzt. Mangels Nachfrage wurde sein Abbau unrentabel. Seit die Leute kompostieren, musste 2005 auch das letzte bayerische Torfwerk für Gartentorf in Raubling-Nicklheim schließen. Bereits 1971 hatte die JVA Bernau den Abbau in der Kendlmühlfilzen eingestellt. Es folgte 1976 noch ein niederbayerischer Unternehmer, der wohl vom großen Geld träumte. Riesige Maschinen frästen den verbliebenen Torfkörper Millimeter für Millimeter ab. Nach heftigen Bürgerprotesten wurde der Abbau 1988 endgültig eingestellt. Die Bahn als Grundstückseigentümer wollte den Torfbahnhof abreißen. Da trat Claus-Dieter Hotz auf den Plan. Er hatte sich bereits bei der ehemaligen Solepumpstation Klaushäusl erfolgreich mit Industriedenkmalpflege befasst. Thomas Goppel, damals Staatssekretär für Wissenschaft und Kunst, half ihm, die Anlage zu retten. Noch im Jahr der Betriebsaufgabe wurde das Ensemble Torfbahnhof samt den Gleisanlagen der Feldbahn in die Landesdenkmalliste aufgenommen. Im Museum zeigt ein Diorama in der Größe H0 ihre riesigen Ausmaße.

Im Juli 1989 gründet sich in Grassau der »Verein für Industrie- und Technikgeschichte im südlichen Chiemgau« unter Vorsitz von Claus-Dieter Hotz. Gegen erhebliche Widerstände aus den Rathäusern von Grassau und Übersee, schreibt Josef Adersberger zum 100-jährigen Jubiläum des Torfbahnhofs auf OVB-online, gelingt es dem Verein, den Abbruch zu verhindern und mit der Deutschen Bahn einen Pachtvertrag abzuschließen. Im Jahr 1997 öffnet das Museum Torfbahnhof Rottau, wie es heute heißt, erstmals seine Türen. Ohne die vielen großzügigen Zuschüsse der öffentlichen Hand bis hinein in die heutige Zeit sowie zahlreiche Privatspenden wäre das nicht möglich gewesen. 2012 gibt Hotz den Vereinsvorsitz ab und zieht sich zurück. »Er kommt aber ab und zu vorbei«, berichtet sein Nachfolger.

Erik Baugut, Jahrgang 1969, ist gelernter Werkzeugmacher. Als Diplomingenieur sei er technikaffin und eisenbahnbegeistert. So kam er auch zu den Freunden des Torfbahnhofs, die per Annonce im Dorfblättchen einen neuen Vorsitzenden gesucht hatten. Der Verein hat mittlerweile 125 Mitglieder, von denen sich 15 besonders aktiv um den Torfbahnhof kümmern. »Wir verstehen uns als Team.« So werkeln die Ehrenamtlichen an der Erweiterung der Feldbahn und einer »behutsamen« Neugestaltung des Museums.

Eine Fahrt mit der Torfbahn gehört zu den Attraktionen des Torfmuseums. Im Hintergrund steht der »Torfbahnhof«.

Große Attraktion für Jung und Alt ist eine Rundfahrt mit der Schmalspurbahn auf historischen Gleisstrecken. 24 Erwachsene passen in die beiden Waggons. So vergnüglich es heute ist, wenn das Bockerl »Molly« durch die Wiesen schnauft, so hart dürfte es früher für die Männer auf dem »Lumpenexpress« gewesen sein.

Das Museum Torfbahnhof am Naturschutzgebiet Kendlmühlfilzen bei Rottau bietet von Anfang Mai bis Anfang November jeden Samstag und Sonntag um 11 und 14 Uhr geführte Besichtigungen (von Juli bis September auch mittwochs). Die Führung dauert etwa eine Stunde plus 20 Minuten für die Feldbahnfahrt. Sonderführungen für Gruppen ab 10 Personen sind auf Anfrage jederzeit möglich. Museum Torfbahnhof, Hackenstraße (am Ende), 83224 Rottau, Tel: 08051/9674701. **Näheres auch im Internet unter:** www.museum-torfbahnhof.de

Extratour 2

Der Archäologische Rundweg

Die Rundtour um Seebruck gleicht einer Zeitreise in die Welt der Kelten und Römer inmitten einer abwechslungsreichen Flusslandschaft

Streckenlänge: 27 Kilometer, reine Fahrzeit: zwei Stunden, leichte Steigungen.

Der Archäologische Rundweg durch die Gemeinde Seeon-Seebruck ist nicht nur eine interessante Zeitreise durch 4000 Jahre Menschheitsgeschichte, sondern obendrein auch eine lohnenswerte Tour durch die abwechslungsreiche Flusslandschaft der Alz. An einem warmen Tag Badesachen mitnehmen. Auf der gut ausgeschilderten Strecke warten elf Stationen mit ausführlichen Informationstafeln. Die Zeitspanne, die durch Funde belegt ist, reicht von der Steinzeit über die Kelten und Römer bis zu den Bajuwaren. Wir haben die Beschreibungen einer Broschüre des Heimat- und Geschichtsvereins Bedaium entnommen, der den Rundweg angelegt und 2007 eingeweiht hat.

Kathrin und Martin aus Landshut haben Spaß auf dem Archäologischen Rundweg.

Station 1 ist das Römermuseum in Seebruck. Zur Einstimmung raten wir zu dessen Besuch (eine Stunde). Im Freigelände sind römische Architekturteile und ein Teil der Kastellmauer zu sehen. Bedaium, so der Name des Ortes in der Römerzeit, wurde in der Mitte des 1. Jahrhunderts n. Chr. unter Kaiser Claudius gegründet. Die Brücke über die Alz verlieh dem Ort strategische Bedeutung, denn sie war Teil der römischen Fernstraße Salzburg - Augsburg. Das Kastell auf dem heutigen Kirchberg, von dem aus sich ein guter Überblick über den See und die Alz bot, sicherte den Übergang. Es war das Zentrum Bedaiums, drumherum gruppierten sich die Häuser. Die Bewohner der Station waren für den Unterhalt der Straße, die Bewachung der Brücke, für den Wechsel der Zugtie-

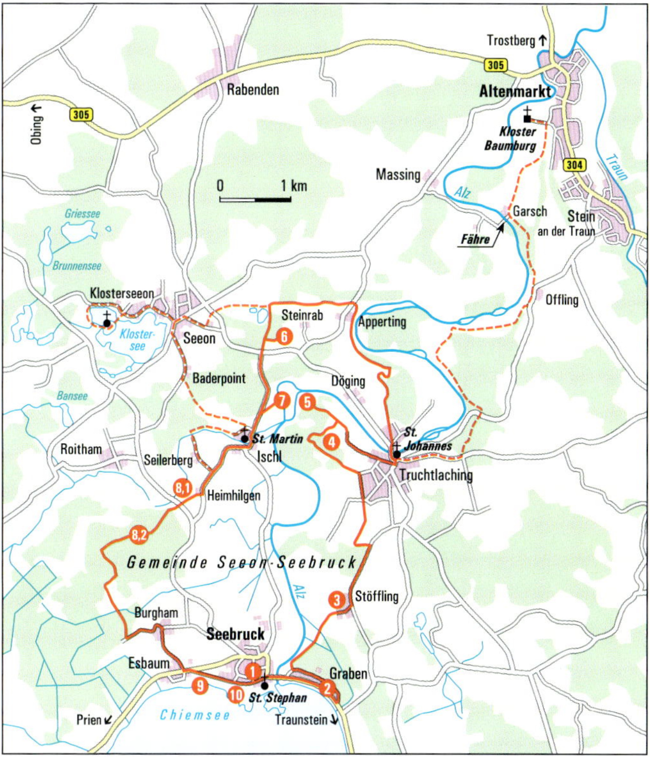

re, die Reparatur der Wagen sowie Unterbringung und Bewirtung der Reisenden zuständig. Heute wäre das eine Raststätte mit Motel und angeschlossener Straßenmeisterei.

Als wichtige Ost-West-Achse zwischen Iuvavum (Salzburg) und Augusta Vindelicorum (Augsburg) war die Straße gut frequentiert. Handwerker und Gewerbetreibende gründeten in Bedaium Betriebe, vermutlich Bootswerften, Schmieden und Sattlereien. Sie verarbeiteten Holz und landwirtschaftliche Produkte. Sie waren vermutlich im Westen des Ortes im Bereich der Darre angesiedelt. Dort stand möglicherweise auch das Heiligtum des Wassergottes Bedaius. Wegen zunehmender Einfälle der Alemannen gab das römische Militär- und Verwaltungspersonal die Station Bedaium gegen Ende des 4. Jahrhunderts auf. 788 verzeichnen Quellen den Ort als Pontena, »bei der Brücke«, 924 als »Prucca«.

Weiter geht es nach Osten über die Alzbrücke. Wenige hundert Meter danach folgt links der Traunsteiner Straße **Station 2,** der Friedhof von Bedaium. Ein Foto zeigt den Gemeinde-Archäologen Carl Ostermayer bei der Entdeckung des ausgedehnten Gräberfelds im Jahr 1972. Von da aus geht es ein kurzes Stück an der Alz entlang und einen leichten Berg hinauf nach Stöffling zur **Station 3,** dem Nachbau eines keltischen Gehöfts. Die vier Gebäude sollen eine menschliche Ansiedlung der La-Tène-Zeit (500 bis 15 v. Chr.) erlebbar machen. Lebendig wird es in dem Hof, wenn Kinder Pfeil und Bogen bauen, über offenem Feuer ein Süppchen kochen, Münzen prägen oder Wolle spinnen, angeleitet von Betreuern in keltischen Gewändern. Am »Kelten-Abenteuernachmittag« können Kinder ab fünf Jahren teilnehmen. Eine Anmeldung in der Touristinformation von Seebruck ist erforderlich.

Nach einem längeren Anstieg mit schönem Ausblick auf Chiemsee und Berge folgt in einer Alzschleife **Station 4,** die

Im Nachbau eines keltischen Gehöfts bei Stöffling lernen Kinder in den Sommerferien »spielend« Geschichte.

Keltenschanze von Truchtlaching. Über die Funktion der mit Wall und Graben befestigten Viereck-Schanze diskutieren die Wissenschaftler noch. Möglicherweise war sie ein befestigter Gutshof. Ganz in der Nähe liegt die aus Baumstämmen nachgebaute frühmittelalterliche Fluchtburg, **Station 5.** Über Truchtlaching (Alzbrücke, gotische Pfarrkirche St. Johannes aus dem Jahr 788 mit den Grabsteinen der Ritter von Truchtlaching), Döging und Apperting gelangen wir kurz vor der Straße nach Seeon zur **Station 6,** die Hügelgräber von Steinrab. Sie stammen aus der Hallstatt-Zeit (600 v. Chr.) und wurden aus sandigem Lehm aufgeschüttet. Vor Ischl wird ein bajuwarisches Gräberfeld (600 n. Chr.) erreicht, **Station 7.** Unter Glas ist in dem Flachgrab ein menschliches Skelett zu erkennen, das in Ost-West-Richtung liegt. Der Kopf im Westen, so dass der Verstorbene im Osten den Sonnenaufgang »sehen« konnte. Waffenfunde deuten darauf hin, dass hier ein Krieger beerdigt wurde. Sehenswert ist in Ischl die Seeoner Filialkirche St. Martin (13. Jahrhundert) und ihr barocker Hochaltar.

Station 8.1 bezeichnet den bronzezeitlichen Hortfund von Heimhilgen. 1916 fand man dort unter einem Steinblock verborgen Ringe, die 4000 Jahre alt sind. Sie dienten möglicherweise als Schmuck für Arm und Hals und als Zahlungsmittel, weil sie jeweils die gleiche Größe und das gleiche Gewicht haben und ursprünglich gebündelt waren. Als Opfergabe versenkte man sie im Wasser oder versteckte sie unter Steinen. Bei genauem Hinschauen ist in dem jetzt folgenden Waldstück die Hochäcker-Kultur von Roitham und Burgham zu erkennen, **Station 8.2.** Diese Äcker aus dem frühen Mittelalter waren nicht etwa hoch gelegen, sondern bestanden aus mehreren erhöhten Ackerbeeten. Durch die sanfte Hügellandschaft und verschlafene Weiler führt der Weg nach Burgham. Dazwischen bieten sich freie Ausblicke auf Berge und den See, den wir in Esbaum wieder erreichen. Hier verlief vom ersten Jahrhundert n. Chr. an die römische Fernstraße Augsburg - Salzburg. An einem nachgebildeten Querschnitt, **Station 9,** ist zu bewundern, wie hoch die Straßenbaukunst der Römer entwickelt war. Weil der Boden in Seenähe weich war, brachten sie zunächst ein Geflecht von Ästen und Baumstämmen ein. Auf diesem Unterbau »schwimmt« der eigentliche Straßenkörper, eine Balkenlage und darauf eine Kiesschüttung als Fahrbahn.

Wir radeln ein Stück auf der Römerstraße weiter und erreichen rechter Hand **Station 10.** Ein Dach schützt die Grundmauern eines Bauwerks. Es dürfte eine »Darre« gewesen sein, eine Trocknungsanlage für Getreide und Räucherkammer für Fisch und Fleisch. Gegenüber der Darre, unter einer Villa aus unseren Tagen, lag möglicherweise der spätantike Marktplatz. **Station 11** bietet durch »Fenster in die Vergangenheit« den Blick auf Fundamente eines sogenannten Streifenhauses. Vergleichbar den heutigen Reihenhäusern, zeigte die schmale Gebäudefront laut Homepage zur Straße. Hier lagen die Geschäftsräume, im hinteren Teil die Wohnräume. Im Garten wurden Gemüse und Kleintiere gezüchtet.

Bald darauf schließt sich der Kreis am Römermuseum. Als Abstecher bietet sich von Truchtlaching aus die Fahrt auf dem Klosterweg zum Kloster Baumburg an, dessen Stiftskirche im Rokoko-Stil einen Besuch lohnt. Im Bräustüberl gibt es selbst gebrautes Bier und bayrische Schmankerln. Auf dem Weg zurück macht es bei Garsch eine Seilfähre möglich, die Alz zu überqueren und wieder auf den Archäologischen Rundweg zu treffen, oder den Gasthof Roiter mit seiner regionalen Küche. Allerdings fährt die Fähre nie an Dienstagen und bei Hochwasser. Ob sie verkehrt, erfährt man unter Tel.: 08621/7387. Für den Abstecher von etwa 13 Kilometern (hin und zurück) ist eine Stunde reine Fahrzeit einzuplanen.

Wer noch zum Kloster Seeon fahren möchte, biegt vor Aperting nach rechts ab (6 Kilometer, 20 Minuten reine Fahrzeit).

Aus Blockhäusern bestehen die Nachbauten einer keltischen Siedlung in Stöffling. Das Gehöft ist umfriedet und wird durch ein überdachtes Holztor betreten.

Die Eggstätter Seenplatte

Wo einst zwei Gletscher zusammenstießen, erstreckt sich heute eines der größten Naturschutzgebiete Deutschlands

Streckenlänge: 52 Kilometer (von Gstadt aus), reine Fahrzeit knapp vier Stunden, wenige Berge, wegen der Länge der Strecke für ungeübte Radler anstrengend.

Die Würm-Eiszeit hat vor etwa 15 000 Jahren die Eggstätter und Hemhofer Seenplatte modelliert. Der Chiemsee-Gletscher und der Inn-Gletscher stießen hier zusammen. Dabei brachen riesige Eisblöcke ab, die in der Folgezeit von Geröllmassen überdeckt wurden. Dieses »Toteis« schmolz allmählich ab und bildete tiefe Löcher, die voll Wasser liefen. 1939 unter Schutz gestellt, ist die Seenplatte eines der ältesten und mit 1000 Hektar Fläche eines der größten Naturschutzgebiete Deutschlands. Es besteht aus 20 bis 30 größeren und kleineren Seen, eingebettet in eine sanfte Hügellandschaft. Jeder See wirkt anders, das Farbenspiel reicht vom lichten Türkis über Stahlblau bis zum moorigen Schwarz. Der Langbürgner- und der Hartsee sind die beiden größten Seen und 37, beziehungsweise 39 Meter tief. Die kleineren Seen sind flacher. »Hier findet man eine große Vielfalt von Verlandungen, die alle Stadien der Moorbildung erkennen lassen und deswegen von hohem wissenschaftlichem Wert sind«, schreibt Michael Lohmann in seinem Chiemsee-Naturführer. Der Torfmoos-Schwingrasen reagiert empfindlich auf Betreten. Am Hartseefreigelände ist das Baden erlaubt, an etlichen Seen herrscht aber Badeverbot. Zu den seltenen Pflanzenarten der Seenplatte zählt Biologe Lohmann unter anderem die Sumpfkalla, das Herz-Zweiblatt und die rostblättrige Alpenrose. Seltene Tiere wie Brachvogel und Bekassine waren früher vor allem an den Weitmoosseen anzutreffen. Sie fielen aber der Trockenlegung der Moore zum Opfer.

Von Gstadt aus geht es den Berg hinauf und die zweite Querstraße rechts in die Loibertinger Straße. Über Loiberting, Unter- und Oberkitzing erreichen wir durch Wald und Wiesen nach Westen fahrend auf ruhigen Nebenwegen den Stettner See, den kleinsten und wärmsten See. Von hier ein kurzes Stück auf demselben Weg zurück, vorbei an der Südspitze des Langbürgner Sees über Gattern, Natzing und Straß nach Eggstätt. Der Ort zählt knapp 3000 Einwohner. 925 n. Chr. wurde Eggstätt als »Echistat« erstmals urkundlich erwähnt. Der neugotische Bau der Pfarrkirche St. Georg stammt aus dem Jahr 1866. Auf der Priener und Obinger Straße fahren wir am Ortsende nach einem Gewerbebetrieb nach links in die Lehrer-Hager-Straße. Sie führt zum Hartseestüberl, dessen moderner Bau und der sonnige Biergarten zur Rast einladen. Die Ausflugsgaststätte ist im April 2007 eröffnet worden. Sie verfügt auch über ein Freibad mit freiem Eintritt, Beachvolleyball, Minigolf und Bootsverleih.

Im See schwimmen Hechte, Brachsen und Waller. Große Aufregung gab es im September 2009 am Langbürgner See, als ein 70 Zentimeter langer Hecht oder Zander einen Buben in den rechten großen Zehen biss, worauf er stark blutete. »Eine große Menschenmenge eilte herbei, um ihm zu helfen«, notierte die Lokalzeitung, »und wenige Sekunden später war niemand mehr im Wasser.«

Wir radeln weiter am Hartsee entlang nach Süden, wo wir auf die Römerstraße stoßen, die einst von Augsburg nach Salzburg führte und hier das Seengebiet quert. Wir folgen ihr ein kurzes Stück am Einbessee entlang und biegen dann nach Süden ab, passieren den kleinen Kesselsee und ein Hochmoor, in dem Orchideen wachsen. Hinter Lemberg geht es auf der Staatsstraße 2095 nach rechts Richtung Hemhof. Nach wenigen Metern liegt rechts Schloss Hartmannsberg am Südende des Schloss-Sees. Einst war die mittelalterliche Wasserburg eine der vier

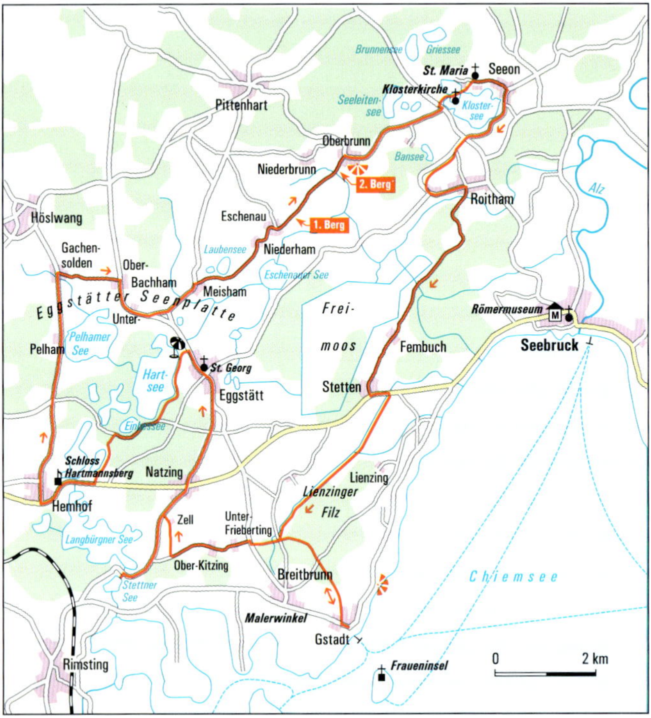

Hauptburgen der Falkensteiner. 1166 wird sie erstmals urkundlich erwähnt. 1839 ersteigert Maximilian von Crailsheim das Schloss vom Staat. Seine idyllische Lage hat um die Jahrhundertwende Maler wie Ludwig von Zumbusch und Leo Putz angelockt. In der Abgeschiedenheit hielten sie auch Kurse in Aktzeichnen ab.

In der NS-Zeit nutzt es der von Hitler sehr geschätzte Bildhauer Sepp Thorak (1889 bis 1952). Thorak war einer der meist beschäftigten Bildhauer im Dritten Reich. Auf Einladung des Künstlers traf sich im Rittersaal die lokale Nazi-Prominenz und veranstaltete »völkische Feiern«, wie der Publizist Jim G. Tobias in einem Aufsatz schreibt. 1948 von den Amerikanern beschlagnahmt, wird das Schloss für einige Monate Zuflucht für verschleppte und entwurzelte Menschen aus den Konzentrationslagern, den »displaced persons«. Für 40 Kinder rumänischer Juden dient es, kurz bevor im Mai 1948 David Ben-Gurion den Staat Israel proklamiert, als Trainingskibbuz. Ihnen werden Grundkenntnisse in Teichwirtschaft vermittelt. 70 Juden und andere Häftlinge aus dem KZ Flossenbürg in der Oberpfalz haben nicht so viel Glück. Kurz vor Kriegsende treibt die SS die ausgemergelten Menschen auf einem Todesmarsch durch Seebruck. Nahe Traunstein werden 66 Häftlinge mit Maschinengewehren niedergemäht, berichtet Carl Ostermayer.

Nach Thoraks Tod erwirbt Georg Schäfer, Inhaber der Schweinfurter Firma Kugelfischer, das Anwesen. Er bewahrt hier Teile der berühmten »Sammlung Schäfer« mit Werken des Leibl-Kreises und der Münchner Schule auf. 1994 erwirbt der Landkreis Rosenheim das Schloss für kulturelle Zwecke. Ein Hausmeister passt auf, dass neugierige Radler nicht auf das Gelände gehen. Auf der gut ausgeschilderten Strecke führt der Rundweg wieder nach Norden durch Stephanskirchen. Ins Auge fällt das sorgfältig renovierte alte Schulhaus von 1876.

Weiter geht es am Weiler Gaben vorbei nach Pelham am gleichnamigen See. Wem Hintern und Wadeln schmerzen, kann im Hochseilklettergarten herumturnen oder vom Hotel-Restaurant Seeblick aus auf den Hartsee und Eggstätt im Hintergrund schauen. Wir fahren nach Gachensolden, biegen dort rechts ab und kommen über Ober- und Unterulsham, Meisham und Niederham nach Eschenau. Kurz vorher ist der erste Anstieg der Strecke zu überwinden, gleich darauf vor Oberbrunn der zweite. Dafür bietet sich auf dem weiteren Weg zum Seeoner See ein Panoramablick über die gesamte südostbayerische

Von besonderem landschaftlichen Reiz ist die Eggstätter Seenplatte. Im Hintergrund liegt Eggstätt.

Gebirgskette vom Wendelstein (von rechts nach links) über die Hochries, Kampenwand, Geiglstein, Hochplatte, Hochgern und Hochfelln bis zu den Berchtesgadener Alpen. In Oberbrunn lädt ein Biocafé mit Schokosahne- oder Maikäfer-Pfirsich-Torte zum Verweilen. Seeon erreichen wir nach zweieinhalb Stunden und 33 Kilometern. Die Seeoner Seen, Toteislöcher und Moränenwälle stehen seit 1985 unter Naturschutz.

Koster Seeon

Im Jahr 994 n. Chr. gründen Pfalzgraf Aribo I. und seine Gemahlin Adala auf der Insel im Seeoner See ein Kloster, das Benediktiner-Mönche von Sankt Emmeram aus Regensburg beziehen. Zu Beginn des 11. Jahrhunderts erlebt das Kloster als bedeutende Schreibschule eine erste Blüte. Im Auftrag Kaiser Heinrichs II.

(973/978 bis 1024) und der Aribonen fertigen die Mönche wertvolle liturgische Bücher und prächtig ausgestaltete Handschriften, die dann zum allgemeinen Nutzen sowie speziell zum Wohl und Seelenheil des jeweiligen Schenkers an andere Klöster oder an Bistümer gestiftet werden, darunter das Bistum Bamberg. Kleinod ist die 1757 erbaute Abtskapelle. Die Stuckaturen stammen von Johann Michael Feichtmayer (1710 bis 1772) aus der Wessobrunner Schule, dem bedeutenden Stuckateur des süddeutschen Rokoko. Das Kloster besitzt auch zahlreiche sehenswerte Filialkirchen in der Umgebung. Über einen Holzsteg erreichbar ist die Nebenkirche St. Maria in Bräuhausen (1532) mit einem Madonnenbild im Hochaltar aus der zweiten Hälfte des 17. Jahrhunderts. Die Familie Mozart pflegte enge Kontakte zu den Benediktinern des Klosters Seeon. Deshalb war auch Wolfgang Amadeus Mozart zwischen 1767 und 1769 häufig zu Gast und spielte auf der Orgel. Speziell für das Kloster Seeon schrieb der Komponist zwei Offertorien (Teil der Messe): »Scande coeli limina« (KV 34; 1769) und »Internatos Mulierum« (KV 72; 1771). Die »Mozarteiche«, unter der er gerne gesessen haben soll, steht bis heute am Seeoner See.

Vom Kloster aus führt ein Rundweg um den Weinbergsee, an dem die Eiche und die Kirche St. Maria liegen. Nach der Säkularisation 1803 erlebt Seeon turbulente Zeiten. Durch eine Versteigerung kommt das ehemalige Kloster in Privatbesitz. Es wird in ein Schloss umgewandelt und dient als Heilbad. Die Kirche wird zur Pfarrkirche. Unter anderem gehört das Schloss von 1876 bis 1932/33 der russisch-orthodoxen Linie der Herzöge von Leuchtenberg. 1934 beendet eine Zwangsversteigerung die Leuchtenberg-Ära. Zur Einrichtung einer SA-Schule werden die Gebäude an die Reichsregierung verpachtet. Nach dem Krieg dient es als Lazarett, Flüchtlingslager, Möbelfabrik und Polizeischule. 1976 kauft die Erzdiözese München und Freising das ehemalige Kloster an. 1986 geht es in den Besitz des Bezirks Oberbayern über, der es von 1989 bis 1993 renovieren lässt.

Seitdem dient Kloster Seeon als Tagungszentrum sowie als Kultur- und Bildungszentrum. Hier werden Konzerte, Ausstellungen sowie Seminare, Tagungen und Workshops abgehalten. Zum Beispiel die Kaligraphie-Werkstatt von Gisela zur Strassen. In den Kursen kann man mittels Gänsefeder und selbst angerührter Tinte ausprobieren, ob man mit den mittelalterlichen Mönchen konkurrieren kann. (Anmeldung: www.kalligraphie-werkstatt.de) Wie zu seinen besten Zeiten ist Kloster Seeon ein Ort der Gelehrsamkeit und Kultur.

Schloss Hartmannsberg hat eine wechselvolle Geschichte hinter sich. Der Landkreis Rosenheim nutzt es heute für kulturelle Zwecke.

Zurück zu unserem Ausgangspunkt führt der Weg von Seeon aus durch abgeschiedene Wälder, das Freimoos und die Burghamer Filz über Grünweg nach Pavolding. Hier steht der sehenswerte Fischerhof des 1984 verstorbenen Bildhauers Heinrich Kirchner, dessen Skulpturen uns überall im Chiemgau begegnen. Ein eigener Skulpturenweg (gut 20 Kilometer) verbindet sie miteinander (www.chiemsee-chiemgau.info). Weiter geht es über Roitham und Fembach nach Stetten. Mit dem Lienzinger Filz folgt ein weiteres landschaftliches Kleinod. Nur müssen wir anschließend an einem Bauernhof die erste Abzweigung scharf nach links zum Wald und dann an einer Gabelung nach rechts in

Richtung Gstadt nehmen, sonst landen wir in Breitbrunn. Wieder am See angekommen, ist eine anspruchsvolle Radltour durch ein besonders reizvolles Stück oberbayerischer Kulturlandschaft geschafft.

Das Schicksal der Anastasia

Auf dem Seeoner Friedhof wurde die Urne jener Frau beigesetzt, die von sich behauptete, die jüngste Tochter des letzten Zaren zu sein

An der Mauer innerhalb des kleinen Friedhofs von Seeon hängt eine unscheinbare Grabplatte. Unter dem russisch-orthodoxen Kreuz steht in dunklen Lettern »Anastasia Manahan 1901 – 1984« und drunter, etwas abgesetzt, in grauer Schrift: »Unser Herz ist unruhig, bis es ruht in Dir oh Gott. Gottes Mühlen mahlen langsam, aber trefflich fein.« Die Zeilen lesen sich wie Sinnsprüche für das Leben der Verstorbenen und für das, was sie vorgab zu sein: Frau Manahan behauptete von sich, sie sei die jüngste Tochter des Zaren Nikolaus II.: Anastasia Nikolajewna Romanowa. Sie habe den Mord an der Zarenfamilie im Juli 1918 wie durch ein Wunder überlebt. »Anastasia« starb am 12. Februar 1984 in Charlottesville im US-Bundesstaat Virginia als Anna Anderson, verheiratete Manahan. »Anastasias« letzter Wille war, auf dem Seeoner Friedhof beigesetzt zu werden. Dieser Wunsch löste seinerzeit kontroverse Debatten unter den Dorfbewohnern aus und führte sogar zu einer Kampfabstimmung im Gemeinderat. Die Befürworter, die Pietätsgründe und die Achtung des letzten Willens ins Feld führten, obsiegten knapp mit 9:7 Stimmen. Die Gegner hatten argumentiert, einer Schwindlerin dürfe man nicht entgegenkommen. Sie befürchteten außerdem, dass der kleine Friedhof an der Walburgiskirche zu einem Rummelplatz für Touristen verkomme. In den

Augen »Anastasias« passte jedenfalls das Umfeld. Der Friedhof ist die Grabstätte der noblen Familie von Leuchtenberg. Grabplatten in kyrillischer Schrift weisen auf deren russische Wurzeln hin. 1839 heiratete Herzog Maximilian von Leuchtenberg die Zarentochter Maria Nikolajewna Romanowa. Der Vater des Herzogs war Eugène de Beauharnais, Stiefsohn Napoleons und von seinem Schwiegervater später mit dem Titel eines Herzogs von Leuchtenberg bedacht. Nach der russischen Revolution flüchteten weitere Mitglieder der Familie Romanow nach Bayern und lebten im ehemaligen Kloster Seeon. Dort sollen sie gerne im sechsspännigen Schlitten oder im Rolls Royce ausgefahren sein.

Es war also plausibel, dass es die vermeintliche Anastasia nach Seeon zog. Die kuriose Geschichte begann im Februar 1920 in Berlin. Man hatte eine Frau aus dem Landwehrkanal gezogen, die sich das Leben nehmen wollte. Sie sei die Zarentochter Anastasia und habe die Erschießung der Zarenfamilie überlebt, behauptete die Frau. Auf Befehl Lenins hatten die Bolschewiki in der Nacht zum 17. Juli 1918 die siebenköpfige Zarenfamilie im Ipatjew-Haus bei Jekaterinburg am Ural erschossen.

Der Zar, seine Gemahlin Alix von Hessen-Darmstadt und die Kinder Anastasia, damals 17 Jahre alt, Olga, Tatjana, Maria und der Thronfolger Alexej, wurden samt ihren Bediensteten in jener Nacht brutal abgeschlachtet. Das Massaker fand in engen Kellerräumen statt, in denen das Kommando die Opfer nicht genau identifizieren konnte. Nachdem die Kugeln von den Frauenleibern abprallten, weil acht Kilogramm Edelsteine in den Korsetts eingenäht waren, stachen die Tschekisten mit Bajonetten wild drauf los. 20 Minuten soll das Morden gedauert haben. Danach wurden die Leichen mit Schwefelsäure überschüttet und in einen Schacht geworfen. Zwei der Kinderleichen vergrub das Exekutionskommando aber an einem anderen Ort.

Wie ein Sinnspruch für ihr Leben ist die Grabinschrift der Anastasia auf dem Friedhof von Seeon zu deuten, die vorgab, eine Zarentochter zu sein.

Die vermeintliche Anastasia weilte von Februar 1927 bis Januar 1928 in Seeon. Herzog Georg von Leuchtenberg hatte sie in seinem Schloss aufgenommen, um ihr angeblich die Chance zu geben, ihre Existenz zu beweisen. Der Herzog hatte die echte Zarentochter nie kennengelernt und war geneigt, der jungen Frau Glauben zu schenken. Die Familie Leuchtenberg jedoch lehnte »Anastasia« ab. War sie nun die echte Zarentochter oder aber die Hochstaplerin des Jahrhunderts? Ihr Körper wies Verletzungen auf, die sie mit Bajonettstichen und Schusswunden durch das Erschießungskommando erklärte. Die geheimnisvolle Frau weigerte sich auch ihr Leben lang, Russisch zu sprechen. Das führten Psychologen auf ein Trauma durch das Erlebnis des Blutbads zurück. Der Fall fand auch Nachahmerinnen. Zwei weitere Anastasias tauchten in Sibirien und im georgischen Tiflis auf. Über Jahrzehnte schlug der düstere Glanz des Zarenschicksals vor allem die Leserinnen einschlägiger Gazetten in ihren Bann. Der Stoff erreichte sogar Hollywood und wurde mit Ingrid Bergmann in der Rolle der letzten Zarentochter verfilmt.

Als die sterblichen Überreste der Zarenfamilie 1994 exhumiert wurden, fehlten tatsächlich zwei Körper. Wie sich herausstellte, waren es die Geschwister Alexej und Maria. Letztere sah Anastasia sehr ähnlich. Die Gebeine von Nikolaus II. wurden 1998 in St. Petersburg beigesetzt. Zwei Jahre später sprach die russisch-orthodoxe Kirche die Zarenfamilie heilig. Erst 2007 fand man die Überreste der beiden Geschwister in einem angrenzenden Grab. Die DNS-Untersuchung fingernagelgroßer Knochenstücke am Gerichtsmedizinischen Institut von Innsbruck ergab, dass es sich tatsächlich um den Zarewitsch Alexej und seine Schwester Maria handelt. Die Proben stimmten mit denen von der Zarenfamilie überein. Damit war die falsche Anastasia endgültig als Lügnerin entlarvt. Es stellte sich heraus, dass Anna Anderson in Wirklichkeit die polnische Wanderarbeiterin

Franziska Schanzkowski war, die den amerikanischen Geschichtsprofessor Manahan geheiratet hatte. Ihre Verletzungen waren entstanden, als sie in einer Waffenfabrik eine Granate fallen ließ. Steht man im stillen Seeoner Friedhof vor ihrer Grabplatte, ist es nur schwer vorstellbar, dass das Schicksal dieser Frau einmal die Welt bewegte.

Romantisch eingebettet in den Klostersee und das Grün der Bäume liegt das Kloster Seeon.

Sehenswürdigkeiten, Einkehrtipps, Aktivitäten und Wanderungen rund um den Chiemsee

Sehenswert • aktiv • Essen •Wandern

(Die empfohenen Wanderungen sind mit ihren Nummern in der Übersichtskarte am Anfang des Buches zu finden)

PRIEN Bahnstation, Schiffsanlegestelle, 533 m über NHN)

Sehenswert Das klassische Programm für Besucher des Chiemsees ist seit mehr als 130 Jahren das gleiche: Vom Bahnhof Prien geht es in der **historischen Dampfbahn,** dem Bockerl, nach Prien-Stock. Dort besteigt man den **Schaufelraddampfer »Ludwig Feßler** von 1926 (chiemsee-schifffahrt.de) und setzt zur **Herreninsel** über. Wanderung zum **Neuen Schloss** und Besichtigung, Ausstellungen über König Ludwig II. und Fledermäuse, Imbiss in der Schlosswirtschaft. Je nach Lust und Laune Besuch des **Augustinerchorherrenstifts** mit den sehenswerten Ausstellungen »Der Weg zum Grundgesetz«, Maler am Chiemsee, die Gemäldegalerie Julius Exter sowie Privaträume von König Ludwig II. Weiter mit dem Schiff zur **Fraueninsel**, Rundgang, Besichtigung der karolingischen Torhalle des Klosters Frauenchiemsee und Kaffeepause. Rückfahrt nach Prien. Für den Ausflug ist ein ganzer Tag zu veranschlagen.
Kunstfreunde besuchen in Prien die Galerien im **Alten Rathaus** (Alte Rathausstraße) mit Wechselausstellungen regionaler und internationaler Künstler und im **Kronast-Haus** (Marktplatz), eines der ältesten Häuser des Ortes von 1598, die Dauerausstellung im ersten Stock mit Werken des Chiemseemalers Hugo Kauffmann. Einen Eindruck vom alten Prien vermitteln die historischen Häuser des **Handwerkerviertels »Am Gries«** und das **Heimatmuseum**

Eingang zum Stützpunkt der Chiemsee-Flotte in Stock.

(Valdagno-Platz 2). Alles ist fußläufig gut erreichbar, ebenso die **Pfarrkirche »Mariä Himmelfahrt«.** Das 20 Meter lange Deckengewölbe des spätbarocken Baus mit einer Innenausstattung im Stil des Rokoko zeigt die »Seeschlacht von Lepanto«. Der Hofmaler Johann Baptist Zimmermann (bekannt durch die Wieskirche) schuf Stuckaturen und Fresken.

Die Schiffsglocke auf dem historischen Raddampfer »Ludwig Feßler«.

Aktiv **Strandbad Schollköpf**, Schöllkopf 1, 83209 Prien, Tel.: 08051/6060; schöner, naturbelassener Platz mit Kiosk (hausgemachter Kuchen), Außenterrasse und Bootsverleih. **Badeplatz Schraml**, Harrasser Straße 41, 83209 Prien, Tel.: 08051/4575, www.schraml-chiemsee.de große Liegewiese, Eintritt frei, Parkplatz kostenpflichtig, Beachvolleyballplatz, Kinderspielplatz, Liegestuhl- und Sonnenschirmverleih, Umkleidekabinen, Kiosk mit großer Holzterrasse, Bootsverleih (Ruder-, Tret-, Segel- und Elektroboote). Und gleich daneben: **Kletterwald Prien**, Harrasser Straße 39, 83209 Prien, Tel.: 08051/9650885, 08071/1035150, www.kletterwald-prien.de In hundertjährigen Baumriesen direkt am See 13 Parcours mit mehr als 110 Übungen. Fachkundige Einweisung und moderne Sicherungstechnik, Kinder ab vier Jahren, Waldkiosk mit Terrasse. **Prienavera**, Erlebnisbad und Strandbad, Seestraße 120, 83209 Prien, Tel.: 08051/609570, www.prienavera.de **Bootsverleih Stöffl**, Seestraße 120, 83209 Prien, Tel.: 08051/2000, www.stoeffl.de **Bootsverleih Schwarz**, Seestraße-Seepromenade, 83209 Prien, Tel.: 08051/61063. **Bavaria Boote Hans Bösch**, Harrasser Straße 39, 83209 Prien, Tel.: 08051/9640050, www.schraml-chiemsee.de **DHH Chiemsee Yacht und Segelschule**, Harrasser Straße 71 – 73, 83209 Prien, Tel.: 08051/1740, www. https://www.dhh.de/segelkurse/chiemsee-yachtschule-prien-segelschule **Segelschule Prien am Chiemsee** von Lothar Böhm am Badeplatz Schraml, Harrasser Straße 39, 83209 Prien, Tel.: 0175/1949801, 08062/809801, www.netsalem.de/segelschule-prien Zum Bestand gehört auch das 17 Meter lange **Wikingerboot** aus dem Film »Wiki und die starken Männer«.

Essen **Wieninger Bräu**, Bernauer Straße 13 b, 83209 Prien, Tel.: 08051/61090, www.wieiningerbraeu.de traditionelles Wirtshaus in rustikalem Ambiente im Ortszentrum mit bayerischer Küche, Bräukeller, Biergarten und Spielecke. **Zum**

Die Apsis der Kirche in Urschalling mit wertvollen Fresken.

Fischer am See, Harrasser Straße 145 (am Radweg), 83209 Prien, Tel.: 08051/90760, www.fischeramsee.de gehobenes Restaurant am Südende von Prien mit breitem Angebot an Fleisch- und Fischspeisen (auch Meeresfische), bayerische und asiatische Küche, große Terrasse mit See- u. Gebirgsblick. **Ristorante Marechiaro**, Seestraße 65, 83209 Prien, Tel.: 08051/965658, www.marechiaro-chiemsee.de italienisches Restaurant auf dem Weg zum Dampfersteg, benannt nach dem Hafen von Neapel, mit italienischen Spezialitäten. **Schiller Kaffeerösterei**, Seestraße 115, 83209 Prien, Tel.: 08051/9616870, www.schiller-kaffee.de feine Kaffeespezialitäten, kräftig oder mild, in ganzen Bohnen.

Wandern 1 **Rundwanderweg durch das Eichental.** Wir starten im Westen von Prien an der Beilhackstraße und laufen am Mühlbach entlang bis zur Einmündung der Prien, einem der längsten Gebirgsbäche Deutschlands. An ihr entlang geht es durch den Kurpark Eichental mit seinen 100 Jahre alten Eichen und Buchen. Am Weg liegen die Kneipp-Anlage, das alte Elektrizitätswerk von 1906, ein Industriedenkmal, das immer noch in Betrieb ist, sowie die Aumühle aus der Mitte des 18. Jahrhunderts. Die Wasserkraft der Prien nutzten Schmiede, Büchsenmacher, Gerber und Müller. Noch bis 1924 waren sieben Wasserwerke aktiv. Infotafeln erklären Landschaft, Fauna und Flora. Gehzeit: 1:40 Stunden, Länge: 5,8 Kilometer (www.outdooractive.com). 2 **Ausgedehnte Variante** mit Ablegern über Bachham nach Munzing, beziehungsweise über Hoherting nach Urschalling. Am Weg liegen bedeutende Kirchen (St. Salvator und St. Jacobus) und traditionelle Gasthäuser (Schützenwirt im Eichental, Mesner-Stub'n in Urschalling, Gasthof Stocker in Bachham). Gehzeit einfach: 3 Stunden, Länge einfach: 9,9 Kilometer.

3 Die **große Variante** führt weiter durch das Priental bis nach Sachrang, vorbei an Schloss Hohenaschau und dem Wasserfall Schlossrinn. Die Wanderung kann auch an der Naturbeobachtungsstation Schafwaschen in Rimsting begonnen werden. Gehzeit einfach: 8 Stunden, Länge einfach: 32 Kilometer. (www.aschau.de/stationen-prientaler-flusslandschaft-prien-am-chiemsee); siehe auch Chiemsee

Alpenland Tourismus, Wandern, 56 Tourenvorschläge für jede Jahreszeit, 1/2020, (www.chiemsee-alpenland.de).

4 **Alpaka-Wanderung** auf Wegen zwischen Prien und Wildenwart. Die gutmütigen und kuscheligen Vierbeiner sollen beruhigend auf Menschen wirken. Kontakt über Familie Rosenwink, Tel.: 08051/65143, helmut.rosenwink@gmx.de

RIMSTING (564 m über NHN)

Sehenswert In der Gemeinde liegt die **Ratzinger Höhe**, mit 693 Meter die höchste Erhebung am Chiemsee. Sie bietet einen fabelhaften Blick über das »Bayerische Meer« und die Chiemgauer Alpen. Der **Bahnhof Rimsting** an der Bahnstrecke Rosenheim - Salzburg wurde 1881 für König Ludwig II. errichtet, der hier mit dem Hofzug aus München ankam, um den Baufortgang seines Schlosses auf der Herreninsel zu inspizieren. Ein kleiner **Pavillon**, in dem Ludwig auf die Kutsche wartete, die ihn hinunter nach Urfahrn brachte, existiert noch, befindet sich aber neben dem Bahnhof in Prien, vollgestopft mit Bahntechnik. Dafür erinnert in Rimsting noch eine prächtige **»Königslinde«** an den Monarchen. Der heutige Rimstinger Bahnhof stammt von 1911 und steht unter Denkmalschutz. 1981 stillgelegt und nur noch als Güterbahnhof genutzt, beherbergt er eine Kulturbegegnungsstätte. Die ältesten Teile der **Pfarrkirche St. Nikolaus** sind Chor und Turm, vermutlich aus der Spätgotik. Der Hochaltar war um 1680 für das Augustiner Chorherrenstift Herrenchiemsee gefertigt worden. 1809 erwarb Rimsting den Hochaltar, 1821 die Kanzel. Beide Teile hat der Priener Kistler Anton Kronast der kleineren Rimstinger Kirche angepasst. Dabei arbeitete Kronast den Heiligen Nikolaus vom alten Hochaltar in den neuen ein. 1937 wurde das Langhaus abgerissen und neu aufgebaut. **Rimstinger Steinlehrpfad** entlang der Prien bis zur Mündung in die Schafwaschener Bucht. Vor etwa 10 000 Jahren haben die Gletscher Gestein aus den entlegensten Winkeln der Zentralalpen bis an den Chiemsee geschoben. Die Findlinge aus Granit, Gneis, Muschelkalk und Quarzit sind bis zu 250 Millionen Jahre alt und wurden alle in Rimsting zu Tage befördert. An jedem Block geben geologische Texte Auskunft über Alter, Herkunft und Gesteinsart.

Ein wunderbarer Sommertag am Chiemsee bricht an.

Aktiv **Naturstrandbad an der Schafwascher Bucht** direkt am Uferweg zwischen Prien und Breitbrunn. Parkähnliche Strandanlage für die ganze Familie, Kiosk mit E-Bike-Ladestation, Tel.: 08051/4892, www.strandkiosk-rimsting.de barrierefreier Seezugang. Volleyball-, Fußball- und Basketballfeld, Bocciabahn, Tischtennis, Slackline (auf einer Leine balancieren). Stand-Up-Paddling- und Bootsverleih.
Strandbad Rimsting-Westernach zwischen Rimsting und Prien, Westernach 1, 83253 Rimsting, Tel.: 08051/687621, www.chiemsee-alpenland.de weitläufige Liegewiese direkt am See mit Umkleidekabinen und WC. Kiosk, Spielplatz, Tischtennis, Volleyballplatz und Bootsverleih, freier Eintritt, Parken gebührenpflichtig.
Umweltpädagogische Hütte an der Einmündung der Prien in die Schafwaschener Bucht. Entlang der Prien führt ein Steinlehrpfad zur Hütte. Hier finden das ganze Jahr über Biberführungen und Vogelbeobachtungen, besonders des Schwarzhalstauchers, statt. Außerdem im Sommer Fledermaustouren und eine erdgeschichtliche Zeitreise mit Goldwaschpfanne und Sieb sowie mit Kescher und Lupe. Infos unter Gemeinde Rimsting, Tel.: 08051/687621) oder www.naturerlebnis-chiemsee.de
Auf der Ratzinger Höhe führt der Physiker und Astronom Manuel Philipp das ganze Jahr über bei klarem Himmel dienstags und donnerstags durch **Sternbilder, galaktische Nebel und Galaxien**. Anmeldung bei Philipp unter Tel.: 0174/3049099. Treffpunkt am öffentlichen Parkplatz. Siehe auch www.abenteuer-sterne.de
Essen **Gasthaus Weingarten**, Ratzinger Höhe über Rimsting, Weingarten 1, 83253 Rimsting, Tel.: 08051/9621610, www.gastronavi.de bayerische Küche, Son-

Die Natur überrascht mit immer neuen Impressionen.

nenterrasse, großer Spielplatz, phantastischer Ausblick über See, Inseln und Berge. **SeeCafé Toni** an der Straße zwischen Breitbrunn und Rimsting, Hochstätt 7, 83253 Rimsting, Tel.: 08054/577, www.seecafe-toni.de bayerische Küche, hausgemachte Kuchen und Torten, von der Panoramaterrasse herrlicher Blick über die Schafwascher Bucht auf See und Alpenpanorama.

Wandern 5 Der **Erlebnisweg Ratzinger Höhe** (666 m) ist ideal für Familien. 14 Stationen, mit großem Abenteuerspielplatz und einem 16 Meter hohen Aussichtsturm mit Blick auf Chiemsee und Simsee. Weiter Rundumblick. Symbol für diesen Weg sind zwei Mammuts aus Schwemmholz in Originalgröße. Start am Parkplatz der Rimstinger Pfarrkirche St. Nikolaus, weiter über die Oberdorfstraße und den Friedhofsweg. Gehzeit: 2 Stunden, Länge: 6,7 Kilometer. (www.chiemsee-alpenland.de).

6 Die Wanderung lässt sich zum **Rundweg** verlängern. Von der Ratzinger Höhe weiter nach Haimling, Gänsbach, Greimharting (Kirche St. Peter und St. Leonhard), Hörzing und Burgersdorf zurück nach Rimsting. Gehzeit: 3:45 Stunden, Länge: 12,4 Kilometer.

7 Der Rundweg entspricht auch in weiten Teilen dem beschilderten **Obst- und Kulturweg Ratzinger Höhe**, in den man von Rimsting (www.rimsting.de), aber auch von Prien aus (www.tourismus.prien.de) einsteigen kann. Am Weg wurden viele Obstsorten gepflanzt zum Kennenlernen der Frucht, zum Schneiden von Edelreisern, zum Vergleichen der Standortansprüche und zum Erhalt seltener Sorten. Diese Wanderung führt vor Augen, wie Obstgärten, Streuobstwiesen, Wald und Feld, Kirchen, Kapellen, Feldkreuze, Bildstöcke, Dorfplätze und schmucke Häuserfassaden die seit Jahrhunderten bestehende bäuerliche Kulturlandschaft des Alpenvorlands prägen. Die ist gerade rund um die Ratzinger Höhe noch gut erhalten.

BREITBRUNN (536 m über NHN)

Sehenswert Breitbrunn am Nordufer des Chiemsees zählt zu den ältesten Siedlungsplätzen am See. Bereits vor etwa 6000 Jahren lebten hier Menschen. Auf einem Hügel über dem Ort thront die katholische **Pfarrkirche St. Johannes der Täufer**, ein neubarocker Saalbau von 1899. Zehn Jahre älter ist die **Lourdes-Kapelle** am malerischen Dorfweiher mit einem bewegten Marienbild aus Blech. **König-Ludwig-Gedenkstein** am Urfahrner Spitz, der mit 300 Metern engsten Stelle zwischen Festland und Herreninsel, von der aus sich König Ludwig II. hinüber zu seinem neuen Schloss rudern ließ.

Aktiv **Strandbad Breitbrunn-Stadl** am westlichen Ufer der Halbinsel Urfahrn, Königstraße, 83254 Breitbrunn, Tel.: 08054/ 234, www.breitbrunn.com große Liegewiese, umgeben von schattenspendenden Bäumen, Seezugang über langen Steg mit Badeplattform und behindertengerechter Metalltreppe, Badefloss, flaches Wasser im Uferbereich geeignet für Nichtschwimmer, Spielplatz, Beachvolleyballplatz, kleines Restaurant »Strandpavillon« und ein Kiosk, Eintritt frei, Parkplätze kostenpflichtig, Chiemsee-Uferweg führt direkt am Bad vorbei. Wer mit eigenem Segelboot anreisen will, der sollte sich im **gemeindlichen Segelhafen** einen Gästeliegeplatz reservieren lassen (Tel.: 08054/9039-20). Segelhafen an der Mühlner Bucht, über Tourist-Info der Gemeinde Breitbrunn, Gollenshausener Straße 1, 83254 Breitbrunn, Tel.: 08054/234, www.breitbrunn.com

Segelschule **Chiemsee Sailing Center**, Christopher Käßberger, Königstraße 3, 83254 Breitbrunn, Tel.:08054/2384717, www.chiemsee-sailingcenter.de Bootsverleih Andreas Jell, Seestraße 43, 83254 Breitbrunn, Tel.: 0172/9301007, www.bootsverleih-chiemsee.com **Jell Yachthafen** auf der Halbinsel Urfahrn, Königstraße 47, 83254 Breitbrunn, Tel.: 08054/7238, www.jell.de

Drei Chiemseeinseln auf einen Blick sieht man vom **Beobachtungsturm Ganszipfel**. Sie erreichen ihn auf dem Uferweg von Gstadt in Richtung Breitbrunn, vorbei an schönen Malervillen.

Essen **Oberleitner-Haus am See**, Seestraße 24, 83254 Breitbrunn-Stadl-Urfahrn, Tel.: 08054/396, www.oberleitner-hausamsee.de alteingesessene Traditionswirtschaft mit bayerisch-internationaler Küche, Kaffee und Kuchen, direkt am See, Sonnenterrasse mit einzigartigem Blick nach Süden auf See, Mühlener Bucht, Herreninsel, ins Priental und bis zum Kaisergebirge nach Tirol, ganzjährig geöffnet. In unmittelbarer Nähe Anlegestelle der Lastenfähre zur Herreninsel, Segelhafen, Rad- und Fußweg, begrenzte Parkplätze, ab 12 Uhr geöffnet. **Stefano am See meets Thai**, Königstraße 46a (im Strandbad Stadl), 83254 Breitbrunn, Tel.: 08054/4444606, italienisch-thailändische Spezialitäten, sehr schön gelegen mit Terrasse oberhalb des Naturbads mit Blick nach Westen auf die Kailbacher Bucht, begrenztes Platzangebot innen und außen, deshalb Reservierung empfohlen. **Gasthof zur Post**, Rimstinger Straße 3, 83254 Breitbrunn, Tel.: 08054/95199566, bayerische Gastronomie mit österreichischer Note, Biergarten in der Dorfmitte unterhalb der Kirche am Dorfweiher. **PURA, Restaurant und Barcafé**, Gstadter Straße 1, 83254 Breitbrunn, Tel.: 08054/9085703, www.puracosmos.com vegetarisches und veganes Gastronomieangebot in der Dorfmitte an der Weggabelung nach Gstadt und Eggstätt.

Der Gasthof »Alter Wirt« in Breitbrunn anno 1905

Wandern 8 **Kulturspaziergang**: Am Weg reihen sich die Wohn- und Wirkungsstätten berühmter Künstler, Maler, Fotografen, Komponisten, Schriftsteller und das Denkmal für Ludwig II. Der Weg verläuft an einem der landschaftlich reizvollsten Uferabschnitte des ganzen Sees. Er beginnt an der katholischen Pfarrkirche St. Johannes am Ortsweiher von Breitbrunn, führt über die Seestraße, Wolfsberger Straße und Königstraße nach Urfahrn, am Seeufer entlang zum Aussichtspunkt Aischinger Höhe (556 m) und zurück zum Ausgangspunkt. Gehzeit: 1:50 Stunden, Länge: 7,2 Kilometer. www.chiemsee-alpenland.de
9 Dieser Spaziergang lässt sich variieren zum **Höhenweg**, der auch an der Pfarrkirche beginnt und nach Süden über Plötzing, Weingarten, Aisching und dem Beobachtungsturm »Ganszipfl« zurück zum Ausgangspunkt führt. Gehzeit: 1:30 Stunden, Länge: 5,4 Kilometer. Start auch in Gstadt möglich. 10 Oder eine leichte Wanderung nur zum **König-Ludwig-Gedenkstein** über Wolfsberg nach Urfahrn und zurück. Gehzeit: 1 Stunde, Länge: 4,1 Kilometer.

GSTADT (Schiffsanlegestelle, 538 m über NHN) / GOLLENSHAUSEN (540 m über NHN)

Sehenswert Neben Prien ist Gstadt die zweite ganzjährige **Anlege- und Abfahrtsstelle für die Schifffahrt** auf die Fraueninsel und die Herreninsel. Das verleiht dem kleinen, von Hotels, Pensionen und Boutiquen dominierten Ort (1206 Einwohner) eine permanente Geschäftigkeit. Sie beginnt morgens kurz nach

sechs Uhr mit dem ersten und endet abends um 21.20 Uhr mit dem letzten Schiff. Dazwischen flitzen die Wassertaxis hinüber und herüber. Nachts wirken ihre Positionslichter wie Glühwürmchen. An einem warmen Sommerabend wähnt man sich an der Lagune von Venedig. Gstadt ist ein guter Ausgangspunkt für eine Kreuzfahrt auf dem See und hinüber zu den Inseln.
Die **Filialkirche St. Petrus** am Hang gehört zu den ältesten Gotteshäusern im Chiemgau. Die Langhausmauern gelten als romanisch. Chor und Turm stammen aus dem 15. Jahrhundert und wurden um 1720 barockisiert. Der Hochaltar aus dem Jahr 1655 wurde 1948 aus der Kirche in Urschalling übernommen.
Schräg unterhalb von St. Petrus liegt zum See hin der **Hofanger**. Der kleine Naturpark mit Rosengarten, Kräuterbeeten, Duftpflanzen und Schmetterlingsbeet lädt zum Verweilen ein. Die katholische **Pfarrkirche St. Simon und Judas** in Gollenshausen wurde im Jahr 1313 erstmals urkundlich erwähnt, um 1500 um den Altarraum erweitert und mit einem gotischen Gewölbe versehen. An den Seitenwänden befindet sich ein beachtenswerter Apostelzyklus aus dem 16./17. Jahrhundert. Aus dem 17. und 18. Jahrhundert stammen die drei Bauernhäuser neben der Kirche.
Aktiv **Strandbad Hofanger** Gstadt mit Spielplatz, Kontakt über Touristinfo Gstadt-Gollenshausen, Seestraße 5, 83257 Gstadt, Tel.: 08054/442, www.gstadt.de Eintritt frei, Liegewiese mit Kiosk/Restaurant mit bürgerlicher Küche, See- und Bergblick, Tel.: 08054/9089515, Klettereisberg und Trampolin im See, Volleyballplatz, Tischtennis. **Strandbad Gollenshausen**, am See 5, 83257 Gstadt. **Bootsverleih Grünäugl,** Seeplatz 7, 83257 Gstadt, Tel.: 08054/535, www.gruenaeugl-boote.de Elektro-, Ruder-,Tret- und Segelboote. **Hainz**, Waldstraße 6, Tel.: 08054/7161, Elektro-, Ruder- und Tretboote. **Christian Heistracher Schifffahrt**, Seeplatz 8, 83257 Gstadt, Tel.: 08054/906690, www.chiemseeyacht.de Segelboote. **Heistracher**, Seeplatz 10, Tel.: 08054/251. Elektro-, Ruder-, Tretboote. **Pletzenauer**, Seeplatz 2, Tel.: 08054/341, Elektro-, Ruder-, Tretboote. **Bootsverleih Josef Rappl,** Seepromenade, Tel.: 0178/1539316, www.bootsverleih-rappl.de Elektro-, Ruderboote. **Wölkhammer** Lorenz Senior, Breitbrunner Straße 2, Tel.: 0152/33954838, Elektro-, Ruder-, Tretboote.
Segeln lernen: Chiemsee Yachtschule Gollenshausen, Hans-Georg Schunck, Mittererstraße 3a, 83257 Gollenshausen-Gstadt, Tel.: 08054/7170, www.cyg.de
Chiemsee Surfcenter Gstadt, Am Strandbad Hofanger, 83257 Gstadt, Tel.: 0171/5460755, www.chiemsee-surfcenter.de Schnupper-, Kinder-, Erwachsenen- und Fortbildungskurse in Windsurfen, Kajak und Stand-Up-Paddling (SUP), Verleih von Boards und Kajaks.

Fahrradverleih Gstadt, Peter Reichl, Breitbrunner Straße 8, 83257 Gstadt, Tel.: 0176/57912881, www.fahrrad-verleih-gstadt.de E-Bikes, E-Mountainbikes, Trekkingräder, Crossräder, Mountainbikes, Kinderräder.

Essen **Restaurant – Café Inselblick**, Seeplatz 9, 83257 Gstadt, Tel: 08054/7815, www.cafe-inselblick.de frische regionale Küche, Terrasse und eigener Strand, schöner Ausblick auf Fraueninsel, See und Berge, angenehmes Ambiente drinnen und draußen, direkt am Chiemsee-Rundweg. **Griechische Taverna am Hofanger**, Seestraße 6, 83257 Gstadt, Tel.: 08054/9089515, deutsche und mediterrane Küche. **Steghouse**, Seeplatz 3, 83257 Gstadt, Tel.: 08054/9084341, www.steghouse.de Steaks, Burger, Bayerische Tapas, große Terrasse am See. **Landgasthof Schalchenhof** zwischen Gstadt und Gollenshausen am Rundweg, Schalchen 1, 83257 Gstadt, Tel.: 08054/230, www.schalchenhof.de bayerische Küche, große Terrasse mit Panoramablick, angenehm weitläufig, großer Kinderspielplatz.

Eine alte Werbetafel am Bootshaus von Jakob Grünäugl.

Der Chiemseewirt, Söllerstraße 4, 83257 Gollenshausen-Gstadt, Tel.: 08054/8789949, www.chiemseewirt.restaurant bayerisch-regionale Küche, Biergarten. **Seehäusl**, Am See 8, 83257 Gollenshausen-Gstadt, bayerische, regionale Küche, Biergarten. **Hofcafé Utz**, Lienzing 6, 83257 Gollenshausen-Gstadt, Tel.: 08054/7458, www.utzhof-chiemsee.de hausgemachte Kuchen und Brotzeit.

Wandern 11 Ein beliebter Rundwanderweg führt zum mystischen **Grundlosen See ins Lienzinger Moos.** Die Wanderung beginnt im Ortszentrum von Gollenshausen und führt Richtung Lienzing, vorbei am Hofcafé Utz, direkt in das Lienzinger Moos. Das ursprüngliche Toteisloch liegt 20 Meter höher als der Chiemsee im Zentrum des Hochmoores Lienzinger Filz (640 m). Über Breitbrunn geht es am See entlang nach Gstadt und weiter zurück nach Gollenshausen. Gehzeit: 3:30 Stunden, Länge: 13,2 Kilometer (www.chiemsee-alpenland.de).

HERRENINSEL (Schiffsanlegestelle, höchste Erhebung-Steinwand 544 m)

Sehenswert Die **Herreninsel** ist wie die Fraueninsel vermutlich schon seit der Steinzeit besiedelt. Auf der Herreninsel bietet sich eine Wanderung (20 bis 25 Minuten) oder eine Kutschfahrt (Mitte April bis Ende Oktober, etwa 15 Minuten einfach) zum **Neuen Schloss** und dessen Besichtigung an. Nach dem Vorbild von Versailles hat es König Ludwig II. von 1878 bis 1885 erbauen lassen. Schloss Herrenchiemsee, Schloss- und Gartenverwaltung, Altes Schloss 3, 83209 Herrenchiemsee, Tel.: 08051/6887-0, www.herrenchiemsee.de Die Öffnungszeiten orientieren sich an den Schifffahrtszeiten (www.chiemsee-schifffahrt.de). Letzter Einlass 30 Minuten vor Schließung. Öffnungszeiten Königsschloss: April bis Oktober, 9 bis 18 Uhr, Einlass bis 17 Uhr. November bis März: 9.40 bis 16.15 Uhr, Einlass bis 15.40 Uhr. Einlass nur mit Führung (30 bis 35 Minuten). Die **Wasserspiele** vor dem Schloss sind vom 1. Mai bis 3. Oktober in Betrieb. Ein Muss ist die umfangreiche Ausstellung über Leben und Wirken des Schlossherrn: **König Ludwig II.-Museum** im Königsschloss, Öffnungszeiten: April bis Oktober 9 bis 18 Uhr, Einlass bis 17.30 Uhr, November bis März, 10 bis 16.45 Uhr, Einlass bis 16.15 Uhr. Im Lichthof des Königsschlosses ist die Ausstellung »**Insel der Fledermäuse**« zu empfehlen.

Schloss Herrenchiemsee in der Abendsonne vom Dampfer aus.

Augustiner Chorherrenstift mit Museen (Verfassungskonvent von 1948 und Entstehung des Grundgesetzes, Privaträume des Königs) und Gemäldegalerie »Maler am Chiemsee«, Öffnungszeiten: April bis Oktober, 9 bis 18 Uhr, Einlass bis 17.30 Uhr, November bis März, 10 bis 16.45 Uhr, Einlass bis 16.15 Uhr.

Gemäldegalerie Julius Exter im Augustiner Chorherrenstift, Öffnungszeiten: April bis Oktober, 9 bis 18 Uhr, Einlass bis 17.30 Uhr. November bis März geschlossen.

Das letzte Schiff nach Prien fährt im Sommer um 19.10 Uhr, im Winter um 18.15 Uhr ab.

Essen **Schlosswirtschaft**, Schlosshotel 5, 83209 Herrenchiemsee, Tel.: 08051/9627670, www.swhch.de **Schloss-Café**, Neues Schloss, 83209 Herrenchiemsee, Ingeborg Wiesner, Tel.: 08051/968834.

Wandern 12 Rundwanderweg über die 240 Hektar große Herreninsel. Ludwig II. hat ihn als Kutschenweg anlegen lassen. Artenreicher Laubmischwald mit reicher Fauna und Flora, Verlandungszonen, steiles Südufer mit üppiger Frühlingsflora, reizvolle Ausblicke auf See und Berge, Seekapelle Hl. Kreuz, historische Schlossauffahrt, frühmittelalterliche Befestigungsanlage. Versteckte Badeplätze- Gehzeit: 2 Stunden, Länge: 7 Kilometer (www.chiemsee-alpenland.de).

Auch unvollendet hat das Treppenhaus im Schloss seinen Reiz.

FRAUENINSEL (Schiffsanlegestelle, 527 m über NHN)

Sehenswert Neben ihrem landschaftlichen und klösterlichen Reiz lockt die Fraueninsel mit Räucherfischspezialitäten (Georg Ferber, Haus Nr. 2a, Florian & Thomas Lex, Haus Nr. 31, Franz Minsini, Haus Nr. 5 und Josef Wörndl, Haus Nr. 34). Kunsthandwerk, liebevoll gepflegte Gärten und diverse Gaststätten sind weitere Attraktionen. Zum obligaten Rundgang gehört eine Besichtigung der mehr als 1200 Jahre alten **Münsterkirche** der Abtei Frauenwörth mit dem freistehenden Kampanile sowie die **karolingische Torhalle,** der älteste Hochbau Süddeutschlands. Dort finden im Sommer Ausstellungen von Werken der Künstler statt, deren Heimat seit dem frühen 19. Jahrhundert die Fraueninsel war.

Aktiv Das Kloster bietet in der besonderen Atmosphäre der Stille und Abgeschiedenheit ganzjährig **Kurse** für Einkehr und Besinnung, bildende Kunst, Tanz, Musik und Bewegung an.

Benediktinerinnen-Abtei Frauenwörth im Chiemsee, Seminarverwaltung, 83256 Frauenchiemsee, Tel.: 08054/7644, www.frauenwoerth.de

Die Abtei bietet Nahrung für die Seele – und für den Leib.

Essen Inselhotel **»Zur Linde«**, Haus Nr. 1, 83265 Frauenchiemsee, Sebastian Obermaier, Tel.: 08054/90366, www.linde-frauenchiemsee.de **Inselbräu** Frauenchiemsee, Haus Nr. 28, 83256 Frauenchiemsee, Tel.: 08054/902089, www.inselbraeu-frauenchiemsee.de Restaurant **Klosterwirt**, Haus Nr. 50, 83256 Frauenchiemsee, Michael Leiner, Tel.: 08054/7765, www.klosterwirt-chiemsee.de **Fritzi's Biergarten**, Haus Nr. 39, 83256 Frauenchiemsee, Tel.: 08054/902936. Restaurant-Hotel **Inselwirt**, Haus Nr. 43, 83256 Frauenchiemsee, Benjamin Krämmer, Tel.: 08054/630, www.inselwirt.de **Gästehaus Neumair**, Haus Nr. 25, 83256 Frauenchiemsee, Tel.: 08054/600, www.neumair-chiemsee.de **Tante Emmas Inselladl**, Haus 56, 83256 Frauenchiemsee, Tel.: 08054/9218, www.tante-emmas-inselladl.de eine Initiative der Inselfrauen mit Mini-Supermarkt, Kaffee und selbstgemachtem Kuchen.
Wandern 13 Rundgang um die Fraueninsel (zwölf Hektar), angenehmer Spaziergang ohne Verkehrslärm, Gehzeit: 25 Minuten, Länge: 1,7 Kilometer. Inselführungen: Monika Huber, Haus Nr. 29a (Uferweg Ostseite), 83256 Frauenchiemsee, Tel.: 08054/322, mobil: 0163/1835283, www.inselfuehrung-fraueninsel.de

SEEBRUCK (Schiffsanlegestelle, 526 m über NHN)

Sehenswert Die Lage zwischen ausgedehnten Natur- und Landschaftsschutzgebieten auf der einen und dem Chiemsee samt den Bergen auf der anderen Seite verleihen Seebruck seinen unverwechselbaren Charakter. Dazu kommt noch die **Mündung der Alz**, an der sich einer der größten Segelhäfen des Sees befindet. Diese strategisch günstige Lage hatten bereits die Römer erkannt. Zur Sicherung des Flussübergangs »Bedaium« an der Fernreiseroute Salzburg - Augsburg (Via Julia) errichteten sie ein **Kastell**, dessen Grundmauern noch heute sichtbar sind. Auf den Resten der Burg steht die spätgotische **Pfarrkirche St. Thomas und St. Stephan** von 1474 bis 1477. Sie wurde zum großen Teil mit Steinen des Kastells errichtet. Archäologische Funde sind im nahen **Römermuseum Bedaium** ausgestellt. Die Staatsstraße 2095 Rosenheim - Traunstein bringt leider viel Verkehr in den »Luftkurort« Seebruck. Zu Radtouren laden die **Seeoner Seen** und die **Eggstätter Seenplatte** ein. Im Hochmoor Burghamer Filz steht der ganzjährig frei zugängliche **Vogelbeobachtungsturm** Burgham/Seebruck. Die Besiedlungsgeschichte des Seeufers beschreibt eine Infotafel am zweiten **Seebrucker Aussichtsturm** im Kurpark.
Aktiv **Römermuseum Bedaium**, Römerstraße 3, 83358 Seebruck, Tel.: 08667/7503, www.roemermuseum-bedaium.de Öffnungszeiten auf der

Homepage. 500 Exponate in 18 Vitrinen, Zeugnisse des Alltagslebens in der keltisch-römischen Dorfgemeinschaft, Funde aus der Stein- und Bronzezeit, didaktische Bildtafeln und Grafiken, Museumspädagogik mit Kinderecke. Dazu gibt es Erlebnisführungen mit dem römischen Legionär »Quintus Tiberius Octavius« alias Matthias Ziereis. Im originalen Outfit eines römischen Soldaten lässt er die Antike wieder aufleben. Anmeldung über die Tourist-Information Seebruck, Römerstraße 10, 83358 Seebruck, Tel.: 08667/7139, www.tourismus@seeon-seebruck.de

Seebruck hieß bei den Römern »Bedaium«.

Zu empfehlen ist der 27 Kilometer lange, beschilderte **Archäologische Rundweg** mit der nachgebauten keltischen Siedlung in Stöffling (Siehe auch Extratour 2). Geführte Touren durch 4000 Jahre Menschheitsgeschichte mit Bodendenkmälern aus prähistorischer und frühchristlicher Zeit in den drei Orten Seebruck, Truchtlaching und Seeon sind ebenfalls über die Tourist-Information Seebruck zu buchen. Passend dazu ein **Kelten-Abenteuer-Nachmittag** für Kinder ab fünf Jahren mit Begleitperson im Keltengehöft Stöffling, 83376 Truchtlaching, https://www.seeon-seebruck.de/kelten-abenteuernachmittag Jeden Dienstag ab Pfingsten gibt es ab 14 Uhr drei Stunden lang Geschichte zum Mitmachen. Die Kleinen sehen den keltischen Handwerkern über die Schulter, bauen ein Kettenhemd und erleben, wie aus Rohbernstein Schmuckstücke gemacht werden. Anmeldung über die Tourist-Information Seebruck.

Strandbad Seebruck, Am Chiemseepark 9, 83358 Seebruck, Tel.: 08667/5819985, www.facebook.com/SeebruckStrandbad barrierefreier Zugang zur großen Liegewiese, Kinderspielplatz, langer Badesteg, Kiosk und Biergarten mit italienischer Küche, Beachvolleyballplatz, Tischtennisplatte, SUP-Verleih.

Bootsverleih am Seehotel Wassermann, Ludwig-Thoma-Straße 1, 83358 Seebruck, Tel.: 08667/871-0, www.chiemsee-hotel-wassermann.de **Bootsverleih Kirchmeier,** Traunsteiner Straße 2, 83358 Seebruck, Tel.: 08667/607. **Bootsverleih Ralph Wächter,** Traunsteiner Straße 30, 83358 Seebruck, Tel.: 0170/3219935, www.seeon-seebruck.de **Bootsverleih Chiemsee Camping**, Lambach 3, 83358 Seebruck, Tel.: 08667/7889, www.camping-am-chiemsee.de Auf dem Campingplatz Strandbad mit Kiosk/Gastronomie.

Zum Sommervergnügen gehört eine Floßfahrt auf der Alz.

Chiemsee-Segelschule Seebruck, Franz Huber, Rosenheimer Straße 58, 83358 Seebruck, Tel.: 08667/7462, 0179/8476161, 0177/6491326, www.chiemsee-segelschule.de Kajakverleih und SUP-Verleih, speziell für Alz-Touren bis nach Truchtlaching. Chiemsee Kaufmann Seebruck, auch **Minigolf** und **Fahrradverleih**, Haushoferstraße 1, 83358 Seebruck, Tel.: 08051/7777, www.chiemsee-kaufmann.de

Alzfloßfahrt von Seebruck nach Truchtlaching für jedes Alter auf einem 25 Quadratmeter großen Holzfloss mit Sonnensegel, Dauer je nach Wasserstand 2 bis 3 Stunden, Rückfahrt mit dem Bus, Start im Juli, Abfahrt an der Haushoferstraße in Seebruck (hinter dem Minigolfplatz),Tickets nur in der Tourist-Information Seebruck, Römerstraße 10, 83358 Seebruck, Tel.: 08667/7139, www.tourismus@seeon-seebruck.de Gruppenflossfahrten nur über Familie Niedermaier, Tel.: 08667/508, www.alzflossfahrt.de Ebenfalls über die Tourist-Information Seebruck kann eine naturkundliche Alzflossfahrt samt einer Wanderung gebucht werden. Start bei Tagesanbruch oder in der Abenddämmerung, Dauer insgesamt 4 bis 5 Stunden.

An der »Claudius-Säule« ist Start für den archäologischen Rundweg.

Essen **Seehotel Wassermann**, Ludwig Thoma-Straße 1, 83358 Seebruck, Tel.: 08667/8710, www.chiemsee-hotel-wassermann.de eigener Radlparkplatz, große Seeterrasse direkt am Yachthafen, hervorragendes Essen. **Restaurant und Weinlokal Taverna** (im Museumsgebäude), Römerstraße 3a, 83358 Seebruck, Tel.: 08667/7700, www.taverna-weinlokal.de österreichisch-mediterrane Küche, romantischer Garten. Dienstag und Mittwoch Ruhetag. **Restaurant Hafenwirt**, Am Chiemseepark 7, 83358 Seebruck,Tel.: 08667/611, www.hafenwirt.de

Wandern 14 Den **Archäologischen Rundweg** auf verkehrsarmen Wegen entlang blühender Wiesen durch kleine Weiler kann man auch gut zu Fuß machen. Gehzeit: 7 Stunden, Länge: 27 Kilometer (www.chiemsee-alpenland.de). 15 **Leichte Wanderung** von Seebruck über Burgham und Lambach am Seeufer zurück nach Seebruck. Gehzeit: 1:30 Stunden, Länge: 7 Kilometer.

ISING (558 über NHN)

Gummitiere in allen Größen warten auf ihre kleinen Liebhaber.

Sehenswert Der Turm der **Wallfahrtskirche Mariä Himmelfahrt** überragt als Landmarke hoch über dem Seeufer noch den Turm des Landschulheims Schloss Ising. Der spätgotische Bau stammt aus der Mitte des 15. Jahrhunderts und wurde 1751 barockisiert. Das **Schloss** entstand aus einem Gutshof aus dem frühen 19. Jahrhundert und wurde 1892 unter anderem um den Zinnenturm erweitert. 1955 erwarb es der Zweckverband Bayerischer Landschulheime und machte daraus ein Gymnasium mit Internat. Den kleinen Ort prägt außerdem die Hotelanlage **Gut Ising**. Das 4-Sterne-Hotel verteilt sich auf acht Bauernhäuser auf 69 Hektar Land.

Aktiv **Reiten, Polo, Golfen, Tennis, Kegeln, Segeln** und viele Sportarten mehr werden in Ising in Verbindung mit dem Hotel Gut Ising groß geschrieben. Hotel Gut Ising, Kirchberg 3, 83339 Chieming, Tel.: 08667/79-0, www.gut-ising.de Schnupperkurse in der **El Condor-Poloschule,** Carlos A. Velasquez, Fehling 23, 83339 Chieming, Tel.: 0172/3911288, www.cvpolo.de

Essen Das **Hotel Gut Ising** bietet mehrere gute Restaurants der Spitzenklasse wie den **Goldenen Pflug** (in historischem Gebäude), das Gourmet-Restaurant **Usinga** und die **Pizzeria Cavallo**. Näheres unter: Hotel Gut Ising, Kirchberg 3, 83339 Chieming, Tel.: 08667/79-0, www.gut-ising.de

Wandern 16 In Ising ist alles sportlich, auch das Wandern: Schöne **Nordic Walking-Strecke**, Start am Parkplatz der Kirche über Arlaching zum See, weiter nach Schützing, Stöttham (Spielplatz, Kneipp-Anlage), Weidach und Fehling zurück zum Ausgangspunkt. Gehzeit: 2:20 Stunden, Länge: 9 Kilometer (www.chiemsee-chiemgau.info).

Am Ostufer des Sees sind Sonnenuntergänge besonders malerisch.

CHIEMING (Schiffsanlegestelle, 537 m über NHN)

Sehenswert Das **flache Seeufer** prägt den Charakter von Chieming und seiner Geschichte bis hin zur Uferpromenade – die ist barrierefrei. Kinder können im seichten Wasser des Sees plantschen, Surfer und Kitesurfer gut in See stechen. Dafür stehen sechs Kilometer frei zugänglicher Badestrand und ein Strandbad zur Verfügung. Auch zum Radeln sind der Ort und seine Umgebung ideal. Das flache Gelände begünstigte die Anlage von Äckern. Die Lage am See, Wälder, Auen sowie die Nähe von Salzvorkommen lieferten die Nahrungsgrundlage für eine Besiedelung Chiemings schon in der Steinzeit. Entlang der römischen Fernstraße Via Julia siedelten sich Bauern zur Versorgung des Militärs an. Die **Pfarrkirche Mariä Himmelfahrt** entstand 1882/1883 und 1891 im neuromanischen Stil. Beim Abbruch der alten Kirche kamen drei römische Weihesteine zum Vorschein, die im Turmgeschoss eingemauert sind. In Chieming und seinen 38 Ortsteilen sind alte Villen und Bauernhäuser zu bewundern, die unter Denkmalschutz stehen. Barrierefreie **Beobachtungsplattform Chieming**, Seeufer am Parkplatz der Klinik Alpenhof, herrlicher Ausblick auf See und Berge. In einem Landschaftsschutz- und Vogelschutzgebiet liegt der **Pfeffersee** im Süden von Chieming an der Grabenstätter Straße. Er entstand als Toteisloch, in dem sich das Wasser der schmelzenden

Gletscher sammelte. Ein historischer Zeitungsartikel lobt dessen weiches und mildes Wasser, das sich vorzüglich für medizinisch verordnete kalte Bäder eigne.

Aktiv **Bootsverleih Chieming Thomafischer**, Markstatt 10 (am Dampfersteg), 83339 Chieming, Tel.: 0178/5159806, www.bootsverleih-chieming.de Tret-, Ruder- und Elektroboote. **Strandbad Chieming**, Bei den Bädern 3, 83339 Chieming, Tel.: 08864/513, www.strandbad-chieming.de Kiosk sowie Pizza zum Mitnehmen vom naheliegenden italienischen Restaurant al dente, nostalgische Holzumkleidekabinen, Volleyballplatz, Tischtennis, SUP-Verleih, Badesteg und behindertengerechter Rollstuhleingang, Wasserrollstuhl wird zur Verfügung gestellt. Die Strandbadbetreiber Thomas und Elisabeth Heimbucher unterhalten neben dem Bad eine Töpferei mit Verkaufsausstellung.

Fahrradverleih »Tour-me«, Markstatt a, 83339 Chieming, Tel.: 08664/9280015, www.tour-me.info Verkauf, Verleih, Service, Reparatur, Fahrräder für jung und alt, barrierefreie Dreiräder und E-Bikes. **Golfclub Chieming**, Kötzing 1, 83339 Chieming-Hart, Tel.: 08669/87330, www.golfclubchieming.de öffentlicher 9-Loch-Kurzplatz und 18-Loch-Meisterschaftsplatz. **Trimm-Parcours**, Schlossplatz am Dampfersteg, Markstatt, 83339 Chieming, Tel.: 08664/988647.

Essen **Al Dente**, Bei den Bädern 1, 83339 Chieming, Tel.: 08664/985927, www.aldente-chieming.de Italienische Spezialitäten im Holzhaus und auf der Veranda, Biergarten unter Linden, grandioser Blick auf See und Berge besonders bei Sonnenuntergang, E-Bike-Ladestation, Dienstag Ruhetag. **Chiemseer Wirtshaus** (Unterwirt), Hauptstraße 32, 83339 Chieming, Tel.: 08864/928250, www.chiemseer-wirtshaus.de schöner großer Biergarten.

Gasthof zur Post Oberwirt, Laimgruber Straße 5, 83339 Chieming, Tel.: 08664/1481, www.oberwirt-chieming.de Traditionelle Gastwirtschaft seit 1863. Donnerstag Ruhetag.

Gasthof Berghof, Berghofstraße 5 (auf einer Anhöhe am südlichen Ortsrand), 83339 Chieming, Tel.: 08664/258, www.chieming.de/gasthof-berghof-1 **Sonnendeck Chieming**, Grabenstätter Straße 14, 83339 Chieming, Tel.: 08864/928366, www.sonnendeck-chieming.de Internationale Küche und Café, Terrasse, Liegewiese, Strand. **Haus am See**, Markstatt 8, 83339 Chieming, Gundi Buntz, Tel.: 08664/929697, www.chiemsee.net **Eiseria Eisdiele**, Hauptstraße 30, 83339 Chieming, Tel.: 01512/7045233. Landgasthof **Goriwirt**, Truchtlachinger Straße 1, 83339 Chieming, Tel.: 08864/98430, www.goriwirt.de Moderner bayerischer Landgasthof mit Gewölbe und Biergarten, Lademöglichkeit für E-Bikes. **Seehäusl**

Camping und Restaurant, Seehäusl 1, 83339 Chieming-Stöttham, Tel.: 08664/303, www.camping-seehaeusl.de

Wandern 17 Tour **am Seeufer entlang** über Stützing und Stöttham, Start an der Naturbeobachtungsplattform, nach Stützing von einer kleinen Anhöhe schöner Blick auf den See, kurz vor Stöttham spätgotische Kapelle St. Johann Baptist aus der zweiten Hälfte des 15. Jahrhunderts, Kneipp-Anlage am Ortseingang (Restaurant Seehäusl). Die Wanderung kann auch als leichte Nordic-Walking-Runde absolviert werden. Gehzeit: 1:20 Stunden, Länge: 6 Kilometer. Die Tour ist zum Ortsteil Egerer (Landgasthof Goriwirt) erweiterbar (plus 20 Minuten und 2 Kilometer) oder zu einem Spaziergang nach Stöttham zu verkürzen (Gehzeit: 45 Minuten, Länge: 4 Kilometer. www.chieming.de/entdecken 18 Eine **Rundwanderung** führt von Chieming über Ising und zurück. Gehzeit: 3 Stunden, Länge 17 Kilometer. Siehe auch Tour 16.

GRABENSTÄTT (526 m über NHN)

Sehenswert Grabenstätt liegt nicht weit entfernt vom **Delta der Tiroler Achen** in den Chiemsee. Es ist ein Rückzugsort für viele Tiere und Pflanzen. Zusammen mit dem südlich angrenzenden Auwald und dem **Grabenstätter Moos** bildet es ein 1250 Hektar großes Naturschutzgebiet von internationaler Bedeutung. Das Grabenstätter Moos ist erst in den vergangenen zweihundert Jahren durch Verlandung durch den Kieseintrag der Tiroler Ache entstanden. Von den beiden

Eines der frühen Schiffe durchpflügt den noch ruhigen See.

Gefragt ist bei Radlern der Damm der Tiroler Achen.

Beobachtungstürmen in der **Hirschauer Bucht** und bei **Hagenau** lassen sich seltene Wasservögel beobachten.
Aus der Zeit um 1430 stammt die gotische **Pfarrkirche St. Maximilian** mit prunkvollen Malereien. Im Jahr 1400 entstand die **Johanneskirche** mit einer seltenen Orgel. **St. Peter und Paul im Thale** in Erlstätt von 1480 ist eine der ältesten Dorfkirchen im Chiemgau. Die Grundmauern eines großen und luxuriösen römischen Gutshofs in Erlstätt belegen die Besiedlung des Ortes in keltisch-römischer Zeit zwischen 50 vor und 300 Jahre nach Christus. Mosaiken, Wandmalereien und zahlreiche Fundstücke lassen sich im **Römermuseum Grabenstätt** in einem Nebengebäude des Schlosses (Rathaus) bewundern. Schloss Straße 17, 83355 Grabenstätt, Tel.: 08661/988731, www.grabenstaett.de/roemermuseum Mitmachstationen für Kinder. Sonderführungen auf Anfrage, Tel.: 08661/988731.
Ebenfalls in einem Raum der Schloss-Ökonomie sind Fundstücke ausgestellt, die Antworten auf die Frage geben sollen, ob der Tüttensee bei Grabenstätt kein urzeitliches Toteisloch, sondern einen Meteoriteneinschlag, den **»Chiemgau Impact«**, darstellt. Öffnungszeiten: Montag bis Freitag 9 bis 12 Uhr, Donnerstag 14 bis 16 Uhr, Juni bis Mitte September Samstag von 9 bis 11.30 Uhr. Führungen auf Anfrage in der Tourist-Info, Tel.: 08661/988731.
Aktiv So nahe wie möglich kommt man dem Delta der Tiroler Achen mit dem Boot. Von Mai bis Oktober veranstaltet die Priener Tourismus GmbH (Tel.: 08051/96555-0) vom Dampfersteg Übersee-Feldwies (neben der Seewirtschaft) aus dreistündige

Erlebnisbootsfahrten in einer alten Barkasse an den Rand des Deltas. Anmeldung erforderlich. **Tennis für Gäste**, TSV Grabenstätt, Sportpark »Am Eichbergfeld«, www.info@grabenstaett.de Spielzeiten jederzeit außer werktags nach 18 Uhr und an Turniertagen. »**Chiemsee Strandcamping**« direkt am Chiemseeufer, Am Chiemsee 1, 83355 Grabenstätt-Unterhochstätt, Harry Schmidt, Tel.: 08664/500, www.chiemsee-strandcamping.de **Strandbad Tüttensee**, Lueg 2, Tüttensee, 83377 Vachendorf, Tel.: 08661/983838, 0160/1500244 www.tuettensee-seebad.de zwei Stege und Leitern, zwei Schwimminseln, Wassertretbecken, Liegewiese, Kiosk und Restaurant mit großer Terrasse, Bogenschießen, Luftgewehrschießen, Kegelbahnen, Tennis, aktiv auf dem Wasser. Von Mai bis Oktober ab 10 Uhr geöffnet.
Essen **Gasthof zur Post beim Fliegl**, Raiffeisenstraße 1, 83355 Grabenstätt, Tel.: 0861/14149, www.gasthausfliegl.de Donnerstag Ruhetag. **Traditionswirtshaus Schwögler**, Kraimoos 11, 83355 Grabenstätt, Tel.: 08664/288, www.traditionswirtshaus.de bayerische Küche, Gewölbe, schattiger Biergarten. **Gasthof Grabenstätter Hof**, Marktplatz 5, 83355 Grabenstätt, Tel.: 08661/983766, Dienstag Ruhetag. **Restaurant Hotel Chiemseefischer**, Hagenau 2, 83355 Grabenstätt, Tel.: 08661/982658, www.hotel-chiemseefischer.de Montag Ruhetag (Feiertag geöffnet), bayerische und mediterrane Küche, frischer Fisch, von leichter Anhöhe Blick über die Hirschauer Bucht. **Wirtshaus zur Hirschauer Buch**t, Hirschauer Bucht 1, 83355 Grabenstätt, Tel.: 08661/528, www.hirschauerbucht.de fangfrische Chiemseefische, bayerische und mediterrane Küche, Donnerstag Ruhetag. **Kymsee Whisky**, Oliver Lange, Destille, Gewerbestraße 1, 83355 Grabenstätt, Tel.: 08661/929922, www.kymsee-whisky.de handgemachter bayerischer Single Malt.
Wandern 19 **Tüttensee-Spaziergang**, schön angelegter Rundweg um den idyllischen Moorsee, Gehzeit: 30 Minuten, Länge: 1,8 Kilometer, www.chiemsee-alpenland.de 20 **Hirschau-Rundweg**, reizvolle Schilflandschaften, im Mai/Juni blau leuchtende Irisblüten und das Gebirgspanorama, vom Grabenstätter Rathaus durch das Grabenstätter Moos zum Beobachtungsturm Hagenau, Hirschau und zurück über Marwang nach Grabenstätt. Gehzeit: 1:50 Stunden, Länge: 7,5 Kilometer. 21 Der **Kraimoos-Rundweg** führt vom höher gelegenen Erlstätt bergab in die einst weitläufigen Feuchtgebiete südöstlich von Chieming, von denen leider nur ein kleiner Rest geblieben ist. Das Niedermoor hat noch Verbindung zum Grundwasser und weist Schilf, Binsen sowie verschiedene Lilien- und Orchideenarten auf. Start und Ziel ist der Gasthof Fliegl in Erlstätt. Gehzeit: 1:50 Stunden, Länge: 7,2 Kilometer (www.chiemsee-chiemgau.info).

FELDWIES/ÜBERSEE (Schiffsanlegestelle, Bahnstation, 525 m über NHN)

Sehenswert Weithin sichtbar ist in Übersee der rote Ziegelbau der neugotischen **Pfarrkirche St. Nikolaus** von 1904, auch »Achentaler Dom« genannt. Fresken aus dem 15. und 16. Jahrhundert birgt die zunächst romanische und dann gotische Kapelle **St. Peter und Paul** auf dem Westerbuchberg. Ein Muss für Kulturfreunde ist das **Exter-Kunsthaus** im Ortsteil Feldwies. In dem Haus inmitten eines prächtigen Gartens hat der Maler Julius Exter (1863 bis 1939) gelebt und gearbeitet. Er schuf Chiemseelandschaften in vitaler Farbenpracht, die im Haus ausgestellt sind. Exter-Kunsthaus, Blumenweg 5, 83236 Übersee, Tel.: 08642/895083, www.uebersee.com/exter-kunsthaus Öffnungszeiten: etwa von Pfingsten bis zum 2. Sonntag im September, Dienstag bis Sonntag jeweils 17 bis 19 Uhr, Montag geschlossen. Der **Naturpavillon** bietet wechselnde Ausstellungen und Naturexkursionen für

Ein Blumenmeer empfängt den Besucher im Garten des Exter-Hauses

alle an Natur und Umweltschutz Interessierten. Naturpavillon im Zellerpark, Hochfellnweg 1, 83236 Übersee, Tel.: 08642/1551, www.wiesmuehl-uebersee.lbv.de Übersee wirbt mit dem **längsten Naturbadestrand** am »Bayerischen Meer«. Einen Blick auf den westlichen Teil des Achendeltas mit seiner einmaligen Vogelwelt öffnet der **Turm Lachsgang**. Sie erreichen ihn vom Parkplatz am Strandbad Übersee auf dem Uferweg zu Fuß vorbei an Streuwiesen und knorrigen Eichen und Pappeln (etwa 2 Kilometer).

aktiv **Strandbad und Beachbar Übersee**, Julius-Exter-Promenade 31, 83236 Übersee, Tel.: 0171/7918947, www.facebook.com/strandbaduebersee 40 000 Quadratmeter großes Gelände mit Strandcafés, Beachbar, Strandkioske, Biergärten, Rasenschach, Tischtennis, Beachvolleyball- und Fußballfeld, Kinderspielplätze, größter Vier-Sterne-Camping- und Caravan-Abstellplatz direkt am Chiemsee, abgegrenzter FKK-Badeplatz. Strandbad Schweinebucht, 83236 Übersee. Übersee hat auch ein schattiges und erfrischendes **Kneipptretbecken** am Bach in der Ortsmitte. **Hochseilgarten Übersee**, Julius-Exter-Promenade 23, 83236 Übersee, Tel.: 08642/5955650, www.parkeroutdoor.com roter Parcours bis zu acht Meter Höhe, schwarzer Parcours bis zu 12 Meter Höhe, Kajak & SUP-Verleih, Café & Bar. **Fahrradverleih**: Fahrrad Brunner, Grassauer Straße 44, 83236 Übersee, Tel.: 08642/6656. Südbike, Gewerbestraße 6, 83236 Übersee, Tel.: 08642/6107, www.suedbike.de **Bootsverleih** Feldwieser Bucht, Julius Exter-Promenade 9, 83236 Übersee, Tel.: 0174/4147507, www.bootsverleih-feldwieserbucht.de Tret-, Ruder- und Elektroboote. **SUP Chiemsee Verleih**, Julius-Exter-Promenade 31, 83236 Übersee, Tel.: 0176/84370385, www.sup-chiemsee.de **Wassersportschule Chiemgau** – Motorboot- und Segelschule, Greimelstraße 34, 83236 Übersee, Tel.: 08642/595581, www.wssc.de

Essen **Seewirt's Strandhaus**, Andreas Mittermaier, Julius-Exter-Promenade 11, 83236 Übersee, Tel.: 08642/1222, www.seewirts-strandhaus.de Sommer ab 11, Winter ab 12 . Uhr geöffnet. **Restaurant Rotkäppchen**, Seestraße 10, 83236 Übersee, Tel.: 08642/5966860, www.instagram.com/rotkaepchen.uebersee Burger und Thaifood. **D'Feldwies** (nahe dem Exter-Haus), Greimelstraße 30, 83236 Übersee, Tel.:08642/595715, www.wirtshaus-feldwies.de bayerische Schmankerl, Biergarten, Kinderspielplatz. **Chiemsee-Stuben**, Feldwieser Straße 104, 83236 Übersee, Tel.: 08642/389, www.chiemsee-stuben.de Grill- und internationale Spezialitäten, Montag bis Mittwoch Ruhetage. **Taverne Lindos**, Dorfstraße 1, 83236 Übersee, Tel.: 08642/2446117, www.taverne-lindos.de Griechische Küche, täglich

Stumme Genießer sind die beiden Puppen auf dieser Hausbank.

ab 17 Uhr, Dienstag Ruhetag. **Gasthof Hinterwirt**, Dorfstraße 35, 83236 Übersee, Tel.: 08642/228, www.hinterwirt.de Bayerische und internationale Küche, Montag Ruhetag.

Wandern 22 Zum **Aussichtspunkt Kreuzbichl** am **Westerbuchberg.** Beliebte Rundwanderung zum höchsten Punkt der Gemeinde Übersee (603 m) mit einer fabelhaften Aussicht auf den Chiemsee, die Alpen und das Hochmoor Kendlmühlfilzen. Der Westerbuchberg war neben dem Osterbuchberg, dem Herrenberg in Prien und der Herreninsel eine Insel im früheren Ur-Chiemsee, weil diese Erhebungen aus härterem Molassegestein bestehen und deshalb von den Gletschern nicht abgeschliffen wurden. Sehenswert ist die **Kapelle St. Peter und Paul**.

Essen **Gasthof zur schönen Aussicht**, Westerbuchberg 9, 83236 Übersee, Tel.: 08642/8970, www.chiemgau-hotel.de Start an der St. Nikolauskirche. Gehzeit: 2 Stunden, Länge: 6,4 Kilometer. www.outdooractive.com 23 **Kapellenweg – Osterbuchbergrunde**, Start am Parkplatz an der Tiroler Achen, Gehzeit 1:30 Stunden, Länge: 5,4 Kilometer, www.outdooractive.com Auf dem Osterbuchberg (598 m) steht die Zaißlkapelle. Es folgen das Haindlsteiner Wegkapellchen und die Filialkirche St. Leonhard in Almau von 929. Wie schon der Name sagt, war die Kirche im Mittelalter ein sehr beliebtes Wallfahrtsziel bei den Bauern. Zahlreiche Votivtafeln stammen aus dieser Zeit.

BERNAU/FELDEN (Schiffsanlegestelle, Bahnstation, Höhe 544 m über NHN)

Sehenswert Zu den historischen Gebäuden von Bernau zählt in der Ortsmitte der **Gasthof Alter Wirt** von 1697. Gleich daneben thront auf einer Anhöhe die **Pfarrkirche St. Laurentius**. Sie wurde 1408 als Filialkirche von Prien erstmals urkundlich erwähnt. 1926 – Bernau war 1806 eigene Pfarrei geworden – musste sie wegen Platzmangels einem größeren Neubau weichen, wobei Turm und Teile der Westwand der alten Kirche stehen blieben. Nicht weit vom Gasthaus steht das **Bonnschlössl** mit seinen markanten Türmen, benannt nach dem Hofschauspieler Ferdinand Bonn (1861 bis 1933). Es dient heute als Hotel. Im Park der Grundschule an der Schulstraße 1 stehen die Originale der Steinfiguren von vier **griechischen Weisen**, die bis 1943 den Aufgang zur Bayerischen Staatsbibliothek in München zierten. Dort befinden sich Duplikate. Bereits in der Römerzeit schätzten besonders Legionäre die gute Luft des Luftkurorts. Es fanden sich Hinweise auf eine **Villa rustica** und ein **römisches Badehaus**, die als Station zur neuen **Römerregion Chiemsee** (www.roemerregion-chiemsee.de) gehören. Sehenswert ist im Ortsteil **Hittenkirchen** die Kirche **St. Bartholomäus** aus dem Jahr 1345 sowie der **Aussichtspunkt am Kriegerdenkmal. Fundmuseum Höhenberg**, Höhenberg 15, 83229 Aschau, Tel: 08052/2596, www.zimmervermietung-aringer.de/Hofmuseum Funde der Bronze- und Römischen Zeit, ausgegraben von Sebastian Aringer, donnerstags von 18 bis 20 Uhr geöffnet, nur mit Führung und einem Beitrag von fünf Euro zu besichtigen. Der **Beobachtungsturm Irschener Winkel** (Richtung Strandbad/Segelhafen) bietet einen Blick in Röhricht- und Teichrosenfelder.

Das »Bonnschlössl« in Bernau ist heute ein Hotel.

aktiv Auf einer kleinen Halbinsel am südlichen Chiemseeufer liegt das **Strandbad Chiemsee Park** Bernau Felden, Beachvolleyball und Beachsoccerfeld, Bocciabahn, Tischtennisplatten, Abenteuerspielplatz, Wasserrutschen, behindertengerechter Badeinstieg. Strandcafé und Kiosk H2o, Birkenallee 54, 83233 Bernau, Tel.:

0151/55756427, www.bernau-am-chiemsee.de große Terrasse. **Chiemsee-Bootsverleih**, Chiemseepark Bernau-Felden, Rasthausstraße 29, 83233 Bernau, Tel.: 0175/3213783, www.chiemsee-bootsverleih.de

SUP Chiemsee Center Bernau, Rasthausstraße 29, 83233 Bernau, Tel.: 08051/7777, www.chiemsee-kaufmann.de Vom 1. Mai an täglich ab 10 Uhr, in den Sommerferien ab 9 Uhr geöffnet. **Bootsverleih Thomas Pfliegl**, Chiemseepark Bernau-Felden, Birkenallee 54, Tel.: 08051/80960, www.chiemsee-bootsverleih.de **Chiemsee Cruising Bootsverleih**, Geigelsteinstraße 23, 83233 Bernau, Tel.: 08008323323, www.chiemsee-cruising.de **Sepp Pfliegl Bootsverleih**, Joseph-Decker-Straße 23, 83233 Bernau, Tel.: 08051/7739,

Fahrradverleih Chiemsee Fritz Müller, Felden 12, 83233 Bernau, Tel.: 0170/4851930, www.fahrradverleih-chiemsee.de Fahrräder und E-Bikes, Tourenvorschläge.

Moderne Kneipp-Anlage im Kurgarten im Ortszentrum. **BernaMare Familienbad & Sauna**, Erlenstraße 14, 83233 Bernau, Tel.: 08051/7230, www.bernamare.de **Modellautomuseum Bernau**, Buchenstraße 17, 83233 Bernau, Tel.: 08051/8822, www.modellautomuseum-bernau.de 20000 Automodelle von Wiking und Siku bis zu Märklin und Schuko hat Thomas Schneider gesammelt und sich mit einem eigenen Museum (direkt an der A 8) einen Lebenstraum verwirklicht. **Kletterhalle Bernau**, Buchenstraße 17, 83233 Bernau, Tel.: 08051/8822, www.tenniszentrum-bernau.de **Minigolfplatz Chiemsee Kaufmann**, Rottauer Straße 5, 83233 Bernau, Tel.: 08051/7777

Geomantie- und Radiästhesie-Lehrpfad im Kurpark, Führungen mit der Wünschelroute, Ursula Reusch, 08052/9540911. **Chiemgauer Hochseilgarten**, Bernauer Straße 48, 83229 Aschau, Tel.: 0179/8115229, www.chiemgauer-hochseilgarten.de **Ballonfahrten Chiemsee-Ballooning**, Wolfgang Schnaiter, Aschauer Str. 5, 83233 Bernau, Tel. 0177 4838670, www.chiemseeballooning.de Szemborski, Mailinger Weg 5, 83233 Bernau-Hittenkirchen, Tel.: 08051/4381, www.ballonfahrten-oberbayern.de **Alpakawanderung**, Lenz'n Hof, Baumannstraße 9a, 83233 Bernau, Tel.: 0160/94189903. Erlebnisbauernhof und Hofladen Sepp'n-Bauer, Rottauer Straße 72a, 83233 Bernau, Tel.: 08051/9617222, www.seppenbauer.com

Essen **Gasthof Alter Wirt**, Robert Stolz, Kirchplatz 9, 83233 Bernau, Tel.: 08051/965699-500, www.alter-wirt-bernau.de Traditionswirtshaus u. Hotel mit eigener Metzgerei und Biergarten, bayerische und internationale Küche.

Montag Ruhetag. **Gasthof Kampenwand** Bernau, Aschauer Straße 12, 83233 Bernau, Tel.: 08051/964090, www.gasthaus-kampenwand.de bayerische Küche, Biergarten. Mittwoch Ruhetag. **Landgasthaus Hittenkirchen**, Patrick Bellahouel, Hittostraße 8, 83233 Bernau-Hittenkirchen, Tel.: 08051/2391, www.der-landgasthof.bayern.de Pfiffige regionale und nachhaltige alpenländische Gerichte. **Sallers Badehaus Bernau-Felden**, Christian Saller, Rasthausstraße 11, 83233 Bernau, Tel.: 08051/9663450, www.sallers-badehaus.de bayerische und österreichische Küche, Terrasse direkt am Chiemsee-Ufer, Mittwoch und Donnerstag Ruhetag. **Restaurant Fischerei Minhol**z, Dominik Minholz, Birkenallee 48, 83233 Bernau-Felden, Tel.: 08051/6019059, www.fischerei-minholz.de Fischspezialitäten, Biergarten, Montag und Dienstag Ruhetag.

Wandern 24 **Alte Bernauer Bauernhöfe**. Der Weg führt durch die Ortsteile Westerham, Reitham, Bergham und Felden vobei an alten Höfen. An den Häusern informieren Tafeln über Alter und frühere Besitzer. Gehzeit: 4 Stunden, Länge: 13,2 Kilometer 25 **Chiemseeblick**, von Bernau über Hötzing zum Aussichtspunkt Hittenkirchen und zurück, mittelschwere Wanderung, Gehzeit: 4 Stunden, Länge: 11,2 Kilometer. 26 **Bernauer Ache**, leichte Familienwanderung, kurzer Anstieg nach Kraimoos, meist Feldwege, sonnig, zurück am Bernauer Moos entlang. Gehzeit: 3 Stunden, Länge: 9,2 Kilometer. 27 **Große Bärnsee-Runde**, hinauf zum Seiserhof (Einkehrmöglichkeit), durch den Wald über die Abendmahlkapelle zum Bärnsee, auf gemütlichem Weg zurück nach Bernau. Gehzeit 3:30 Stunden, Länge: 10,2 Kilometer (Bernauer Wanderungen: www.bernau-am-chiemsee.de)

Moderne Gastronomie bietet Sallers Badehaus direkt am See.

Einsam liegt das Museum »Klaushäusl« in Rottau.

EXTRATOUR 1 Durch Filzen und Moose

Rottau

Sehenswert **Museum Salz und Moor**, Klaushäusl 9, 83224 Grassau, Tel.: 08641/400818, www.klaushaeusl.de Öffnungszeiten: Im Sommer von 1. Mai bis Kirchweih, täglich außer Montag und an allen Feiertagen (auch Montag) 11 bis 17 Uhr, unter anderem Industriedenkmal mit einer originalen Solepumpstation von 1810. **Museum Torfbahnhof**, am Ende der Hackenstraße, 83224 Grassau, Tel.: 08051/9674701, www.museum-torfbahnhof.de der Besuch von Museum und Torfbahnhof mit anschließender Feldbahnfahrt (1:20 Stunden) nur im Rahmen geführter Touren jeweils um 11 und 14 Uhr möglich. Samstag und Sonntag vom 2. Mai bis zum 8. November, Mittwoch vom 1. Juli bis zum 30. September. Sonderführungen für Gruppen ab 10 Personen zu jedem beliebigen Termin an allen Wochentagen nach Voranmeldung buchbar unter: mail@museum-torfbahnhof.de

Konservierte Schlangen in Flaschen zeigt das Museum Torfbahnhof.

Essen **Museumscafé** im Museum Salz und Moor, Klaushäusl 7, Tel.: 08641/5467, 11 bis 18 Uhr, gemütlicher Garten. **Gasthof Messerschmied**, Grassauer Straße 1,

83224 Grassau, Tel.: 08641/2562, www.gasthof-messerschmied.de Burger und asiatische Küche. **Gasthof Fischerstüberl**, Hauptstraße 15, 83224 Grassau, Tel.: 08641/2334, www.fischerstueberl-rottau.de Gerichte aus Bio-Fischen, Mittwoch und Donnerstag Ruhetag. **Gasthaus Café König**, Bernauer Straße 5, 83224 Grassau, Tel.: 08641/2463, www.cafe-koenig-rottau.de regionale Küche, Terrasse.

Wandern 28 Das dem Museum Salz und Moor gegenüberliegende Moor, die **Kendlmühlfilzen**, lädt auf präparierten Wegen zu einem Spaziergang ein. Einzigartig ist der Blick auf die teilweise trockengelegte Moorlandschaft.

EXTRATOUR 2 Archäologischer Rundweg Kloster Seon

Sehenswert Ehemaliges **Kloster Seeon** und Abtskapelle **St. Nikolaus**, Kloster Seeon, Klosterweg 1, 83358 Seeon-Seebruck, Tel.: 08624/8970, www.kloster-seeon.de Das ehemalige Benediktiner Kloster liegt malerisch auf einer Halbinsel in den Seeoner Seen und ist heute ein Kultur- und Bildungszentrum des Bezirks Oberbayern. Die Klosterkirche **St. Lambert** bietet Renaissance-Fresken und einen Kreuzgang. In der nahen Nebenkirche **St. Walburgis** sind Fresken aus dem späten 16. Jahrhundert zu sehen. Die Abtskapelle St. Nikolaus von 1757 weist Stuckaturen und Fresken bedeutender bayerischer Künstler auf, liegt jedoch im Innern des Klosters und ist nicht öffentlich zugänglich. Es werden aber Klosterführungen angeboten. Information und Buchung: Dagmar Mayer, Tel.: 08051/9655517, E-Mail: mayer@chiemsee-alpenland.de Ein Besuch des kleinen, die Kirche umgebenden **Friedhofs** mit den russisch-orthodoxen Grabkreuzen sollte nicht fehlen. Es ist die Grabstätte derer zu Leuchtenberg, Vorbesitzer des Klosters. An der Friedhofsmauer fand **Anastasia Manahan** ihre letzte Ruhe. Sie gab ihr Leben lang vor, eine Tochter des letzten Zaren zu sein. Im **Klosterladen** sind außergewöhnliche klosterbezogene Produkte sowie Geschenkartikel und Veranstaltungskarten erhältlich. Truchtlachinger Pfarrkirche **St. Johann Baptist**, gotischer Bau von 1435, 1956 erweitert.

aktiv Der beschilderte **archäologische Rundweg** führt abseits der Hauptstraßen auf etwa 27 Kilometer Länge zu 11 Stationen. Start ist am Römermuseum Bedaium in Seebruck, Römerstraße 3. Von Mai bis Oktober werden jeweils sonntags geführte Touren für drei bis zehn Personen angeboten. Anmeldung bis Freitag, 11 Uhr, unter Tourist-Info, Tel.: 08667/7139 und 7415, tourismus@seeon-seebruck.de und www.seeon-seebruck.de/archaeologischer-rundweg siehe dazu auch aktiv in Seebruck.

Strandbad am Klostersee, Seestraße (gegenüber der Klosterinsel), Tourist Information Seebruck, Römerstraße 10, 83358 Seebruck, Tel.: 08667/7139, www.seeon-seebruck.de Liegewiese mit Schattenplätzen, Umkleiden, Duschen/WC, DLRG-Station, Kinderspielplatz, Steg, Badeinsel. Bewirtschafteter Kiosk/Gaststätte direkt an der Liegewiese. **Flussstrandbad Truchtlaching**, Wehrländerstraße 1, 83376 Truchtlaching-Seebruck. Vier Badestege, große Liegewiese unter Bäumen, Volleyballnetz, Tischtennis, Kinderspielplatz, ideal für Familien. Kaffee, Kuchen und Erfrischungen von der nahen Bäckerei.

Essen **Seeon: Landgasthof zum alten Wirt**, Altenmarkter Straße 10, 83370 Seeon, Tel.: 08624/1567, www.zum-alten-wirt-seeon.de mitten in Seeon, Biergarten, traditionelle und vegetarische Küche, Mittwoch und Donnerstag Ruhetag. **Klostergaststätte Seeon**, Klosterweg 5, 83370 Seeon-Seebruck, Tel.: 08624/8970, www.kloster-seeon.de direkt am Seeoner See. **Café Waltenbergstüberl**, Waltenbergweg 3, 83370 Seeon-Seebruck, Tel.: 08624/4157, www.waltenbergstueberl-seeon.de schöne Sonnenterrasse, hausgemachte Torten und Kuchen, regionale Schmankerl und verführerische Eisbecher. **Gasthof Pension Neuwirt Seeon**, Altenmarkter Straße 19 (200 Meter zum Strandbad), 83370 Seeon-Seebruck, Tel.: 08624/2504, www.neuwirt-seeon.de bayerische und regionale Küche, Spezialitäten vom heimischen Reh.

Wandern 29 **Kleine Klostersee-Runde**, Gehzeit: 45 Minuten, Länge: 2,7 Kilometer, (www.seeon-seebruck.de).

Das massive Eingangstor zur Keltenschanze bei Truchtlaching.

Truchtlaching: Camba Bavaria Brauereigaststätte, Mühlweg 2, 83376 Seeon-Seebruck, Tel.: 08667/876800, www.camba-bavaria.de Markus Lohner hat die aus dem Jahr 1875 stammende Mühle des Klosters Baumburg umgebaut und eine Privatbrauerei eingerichtet. Mit einem schönen Blick auf die Alz lässt sich das dreimal pro Woche gebraute naturtrübe Bier genießen. Gaststätte **Neuwirt**, Seeoner Straße 3, 83376 Seeon-Seebruck, Tel.: 08667/288, bayerische Küche, schöne Terrasse an der Alz. **Bräustüberl Kloster Baumburg**, Baumburg 12, 83352 Altenmarkt an der Alz, Tel.: 08621/5155, www.bräustüberlbaumburg.de regionale, alpenländische und mediterrane Küche, selbst gebrautes Bier. **Gasthaus**

Roiter, Roit 1, 83352 Altenmarkt an der Alz, Tel.: 08621/7387, www.roiter.de regionale Bio-Küche

EXTRATOUR 3 Eggstätter Seenplatte (539 m über NHN) Eggstätt

Sehenswert Die Gletscher der letzten Eiszeit haben eine einmalige Eiszerfallslandschaft mit vielen Hügeln und Mulden, 20 bis 30 Seen, Sümpfen, Toteislöchern, lichten Bruch- und Auwäldern, Nieder- und Hochmooren, Bächen und Tümpeln geschaffen. Das Gebiet steht unter Naturschutz, zum Teil schon seit 1939. Kontakt: Gemeinde Eggstätt, Obinger Straße 7, 83125 Eggstätt, Tel.: 08056/1422, www.eggstaett.de

Aktiv Die **Eggstätt-Hemhofer Seenplatte** bietet sich zum **Baden** an. Erlaubt ist es am **Langbürgner See** bei Hartmannsberg, Steg, Umkleiden, Schwimmaufsicht, Tourist Info Bad Endorf, Bahnhofsplatz 2, 83093 Bad Endorf, Tel.: 08053/300850, www.bad-endorf.de **Freibad am Hartsee**, Tourist Info Eggstätt, Obinger Straße 7, 83125 Eggstätt, Tel.: 08056/1422, www.eggstaett.de Umkleiden und Toiletten, Schwimmaufsicht (in den Sommerferien am Wochenende), barrierefreier Zugang möglich, Kinderspielplatz, Volleyballplatz, Fußballplatz, Tischtennis, Minigolf, Badeinsel, 3 Stege, Bootsverleih. **Strandbad am Pelhamer See**, Familie Förg, Pelham 4, 83093 Bad Endorf, Tel.: 08053/3090, www.bad-endorf.de **Badeplatz**

Beschaulich ist es an einem der Seen bei Eggstätt.

Eine Parade der Heiligen grüßt die Radler auf ihrer Rundtour.

am Stettner See, Touristinformation Rimsting, Schulstraße 4, 83253 Rimsting, Tel.: 08051/687621, www.rimsting.de kleine Liegewiese, 2 Holzstege. **Bootsverleih Eggstätt**, Hartsee, 83125 Eggstättt.

Essen **Café-Restaurant Hartsee-Stüberl** und Kiosk, Lehrer-Hager-Straße 6, 83125 Eggstätt, Tel.: 08056/1097, www.hartseestueberl.de Dienstag und Mittwoch Ruhetag, bayerische Küche. **Aktiv- und Wellness-Hotel Seeblick**, Pelham 4, 83093 Bad Endorf, Tel.: 08053/3090, www.hotel-seeblick-pelham.de regionale bayerische Küche. **Weißbräu Bachham** (in einem Weiler nördlich von Eggstätt), Bachham 6, 83125 Eggstätt, Tel.: 08056/351, www.weissbraeu-bachham.de frische Chiemseefische (Varianten: Müllerin/Blau/Wurzelsud) und bayerische Schmankerl, alte Wirtsstube und kleiner Biergarten, urig-bayerisches Ambiente. Montag und Dienstag Ruhetag. **Gasthof Unterwirt**, Kirchplatz 8, 83125 Eggstätt, Tel.: 08056/337, www.unterwirt-eggstaett.de bayerische Küche, Biergarten

Wandern 30 Die **Eggstätter-Hemhofer Seenplatte** bietet sich mit 28 Rad- und Wanderwegen, Stationen mit Tischen und Bänken ideal zu Ausflügen an (www.outdooractive.com). 40 Standorttafeln vermitteln interessante Fakten zu Flora und Fauna sowie zu Renaturierungsmaßnahmen. 31 **Hartsee-Runde**, Gehzeit: 1:30 Stunden, Länge: 5,9 Kilometer. Geführter Achtsamkeits-Naturspaziergang (www.chiemsee-alpenland.de)

Personenregister

Adenauer, Konrad 93
Adersberger, Josef 160
Aichinger, Ilse 49
Anastasia Nikolajewna Romanowa 175
Andersen, Lale 49
Aribo I., Pfalzgraf 172
Aringer, Sebastian u. Elisabeth 8, 136 ff.
Atzorn, Robert 49
Augustus, römischer Kaiser 135
Baer, Christian 96
Balkenhol, Klaus 109
Baugut, Erik 156 ff.
Bayern, Herzog Franz von 151
Bayern, Herzog Max Emanuel von 151
Beauharnais, Eugène de 176
Ben-Gurion, David 171
Bergmann, Ingrid 178
Berlep, Arno 28
Bierbichler, Josef 47
Bohlen und Halbach,
Albrecht und Anneliese von 108
Bonn, Ferdinand 146
Borgmann, Willi 94
Bosch, Paula 84
Boshart, Wilhelm 50, 90
Breu, Gretel 100
Brey, Ludwig 41
Brown, Jenny und Sidney 124
Buchheim, Lothar-Günther 94
Burg, Lou van 49
Burghardt, Franz 8, 51 ff.
Claudius, römischer Kaiser 163
Crailsheim, Maximilian von 170
Czermak, Leo 106 f.
Danner, Sebastian 53
Decker, Hugo 148
Demmel, Willibald 50, 90
Dinzinger, Gertraud 38
Doldinger, Klaus 59
Dollmann, Georg von 35 f, 54
Durand, Angèle 49
Ebner, Ludwig 54
Effner, Carl von 36
Egk, Werner 115
Eich, Günter 49
Elisabeth, Kaiserin von Österreich 49
Endlicher, Veronika 7, 33 ff.
Erbslöh, Adolf 104
Evers, Gerd 110
Exter, Judith 124 ff.
Exter, Julius 6, 122 ff.
Exter, Karl 124 f.
Feichtmayer, Johann Maria 173
Feßler, Joseph,28 ff.
Feßler, Ludwig und Babette 31 ff.
Feßler, Michael 32
Flickenschildt, Elisabeth 148
Frank, Julius 54
Franklin, John 112 ff.
Freiberger, Ernst 149
Gelder, Christoph 151
Gieseler, Hermann 110
Glück, Alois 177
Goethe, Johann Wolfgang von 36
Gogol, Nicolai 56
Goppel, Thomas 160
Green, Eddie B. 59
Grünäugl, Jakob 62 ff.

Grünäugl, Marcus 62 f.
Hackethal, Julius 148
Haddaway, Alexander Nestor 59
Hagen, Daniel und Holger 84 ff.
Haushofer, Max 89
Heidner, Heinrich 50
Heinrich II., deutscher Kaiser 173
Hess, Peter von 46
Hessen-Darmstadt, Alix von 176
Hitler, Adolf 94, 101, 110, 148, 170
Hofmann de Boer, Michael 57
Hofstätter, Heinrich von 54
Höß, Franz 28
Hotz, Claus-Dieter 8, 155 ff.
Irmengard von Chiemsee 87
Jensen, Wilhelm 89
John, Elton 59
Jürgens, Curd 114
Kagermeier, Johann Baptist 100
Kandinsky, Wassili 105
Kanoldt, Alexander 104
Karl der Große, deutscher Kaiser 87
Kauffmann, Hugo 180
Keetman, Gunhild 48
Kirchmeier, Isidor 114
Kirchner, Heinrich 92, 174
Klier, Willi 104
Koch, Werner 35
Köhler, Judith Anna 124
Kraus, Johann 100
Krauss, Georg 31
Kretzmer-Diepold, Monika 122 ff.
Leibl, Wilhelm 63
Leiner, Michael 74
Leip, Hans 49
Lenin, Wladimir Iljitsch 176
Leuchtenberg, Georg von 178
Leuchtenberg, Maximilian von 176
Lex, Holmer 6, 65 ff., 73
Liutpirc, Herzogin von Bayern 75
Lobmayr, Gogol 56 ff.
Lohmann, Michael 8, 121, 128, 168
Louis XIV., König von Frankreich 33
Lüdicke, Marianne 148
Ludwig I., König von Bayern 29, 72 f.
Ludwig II., der Deutsche 87
Ludwig II., König von Bayern 33 ff., 41, 46 f., 53, 106
Ludwig III., König von Bayern 151
Luitpold, Prinzregent von Bayern 31
Magalow, Georg, Konstantin, Sandro u. Tino 108 f.
Maier-Erding, Hiasl 89 f.
Manahan, Anastasia 175 ff.
Maria Nikolajewna Romanowa 176
Märtens, Max 90
Mayer, Johanna 73
Maximilian I., deutscher Kaiser 146
Maximilian I., König von Bayern 46
Maximilian II., König von Bayern 70, 78
Monet, Claude 122
Mönnich, Horst 49
Mozart, Franz 53
Mozart, Wolfgang Amadeus 173
Müller, Markus 98 ff.
Nadolny, Isabella 115
Nadolny, Sten 7, 104, 112 ff.
Nagler-Zanier, Cordula 143
Napoleon Bonaparte, Kaiser von Frankreich 176

Nazareth, Daniel 57
Nietzsche, Friedrich 36
Nikolaus II., Zar von Russland 175
Liel, Baron Franz von 106
Norel, Eva 56 f.
Orff, Carl 48
Ostermayer, Carl 7, 97 ff., 171
Peck, Gregory 114
Peltzer, Alexander 114
Peteranderl, Franz 114
Poe, Edgar Ellen 36
Pompadour, Madame de 38
Putz, Leo 170
Ratzinger, Georg 47
Ratzinger, Joseph 47
Ratzinger, Maria 47
Raupp, Karl 63
Regnauer, Alfons 106
Reichenbach, Georg von 153
Repin, Ilja 122
Rosenberg, Alfred 110
Ruben, Franz Leo 90
Rupprecht, Kronprinz von Bayern 106
Sawallisch, Wolfgang 157
Schäfer, Georg 171
Schanzkowski, Franziska 178
Schenk, Bobby 95
Schiller, Friedrich 36
Schlagintweit, Felix 49 f., 89
Schmid, Wolfgang 28 f.
Schnappauf, Werner 83
Schulz, Björn 75
Schultze, Norbert 49
Schunck, Hans-Georg u. Petra 93 ff.
Schunck, Hans-Norbert 94 f., 114
Schütz, Magdalena 6, 72 ff.
Sedelmeier, Alois 29
Siegel, Ralph 49, 107
Spence, Andrew 59
Stagura, Albert 90
Stephan, Fritz 6, 77 ff.
Stephan, Lorenz 77 ff.
Stratz, Rudolph 148
Tassilo III., Herzog von Bayern 75, 87
Thalhauser, Josef 55
Thoma, Katharina 102 f.
Thoma, Ludwig 102
Thorak, Sepp 170
Tobias, Jim G. 171
Uphoff, Nicole 109
Virgil, Bischof von Salzburg 87
von der Leyen, Ursula 109
Waldenfels, Georg von 32
Witt, Josef u. Monika 107 f.
Wopfner, Joseph 70
Zanier, Werner 139
Zehetmair, Hanns 101
Zimmermann, Alfred 50
Zimmermann, Johann Baptist 150
Zumbusch, Ludwig von 170
zur Strassen, Gisela von 174

Eine Birkenallee führt zu den Anwesen auf der Halbinsel Sassau.

Impressum

Titelbild: Der Raddampfer Ludwig Feßler vor der Fraueninsel im Chiemsee.

Bildnachweis: S. 7, 28, 132, 155: Sabine Bader; S. 56: Felix Hummel; S. 65: Holmer Lex; S. 96: Markus Müller; S. 109: Albert Speer; S. 107: Gut Ising; S. 129, 130, 131: Michael Lohmann; S. 164: Günter R. Müller; alle übrigen Fotos von Manfred Hummel.

Die in diesem Band vorgestellten Radtouren und Wanderungen wurden mit aller Sorgfalt recherchiert, beschrieben und illustriert. Dennoch erfolgen alle Angaben ohne Gewähr, da zwischenzeitliche Änderungen nicht auszuschließen sind. Weder der Autor noch der Verlag können aus daraus resultierenden Nachteilen eine Haftung für Schäden irgendwelcher Art übernehmen.

Grundlayout: Arthur Lenner, München
DTP: interconcept medienagentur, München
Covergestaltung: Christian Weiß, München
Kartographie: Eckehard Radehose, Schliersee
Druck und Bindung: Grafik + Druck digital K.P. GmbH, München
Printed and bound in Germany
ISBN 978-3-939499-61-9